HILDESHEIM

HILDESHEIM

DIE 99 BESONDEREN SEITEN DER STADT

entdeckt von Bettina Reese

mitteldeutscher verlag

Inhaltsverzeichnis

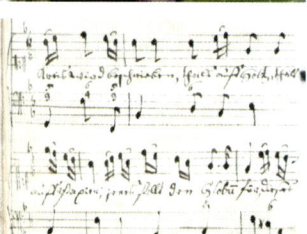

Lebens- und liebenswerte Stadt „im Potte"

Von Wäldern auf sanften Hügeln umgeben liegt Hildesheim landschaftlich reizvoll in einem Tal an den Ufern des Harzflusses Innerste. „Im Potte", wie nur einige der rund 100.000 Einwohner sagen. Fast 60 Prozent des Stadtgebiets sind Grünflächen und Parks, Wälder und Felder. Vor einigen Jahren wurde Hildesheim von einer Zeitschrift deshalb auch zur „gesündesten Stadt Deutschlands" gewählt – immerhin. Als Keimzelle gelten der Domhügel und die Kaufmannssiedlung um die Kirche St. Andreas. Hier kreuzten sich zwei Hellwege, alte Handels- und Heerstraßen, die heute Bundesstraße 1 und 6 heißen. Egal aus welcher Himmelsrichtung man sich Hildesheim nähert – die vielen Kirchtürme prägen als Zeugen des religiösen Lebens schon seit dem Mittelalter die Ansicht der Stadt. Über 40 Kirchengebäude sind es heute. Zwei von ihnen, der Mariendom und St. Michaelis, gehören zum UNESCO-Weltkulturerbe. Herzstück ist der kriegszerstörte und wiederaufgebaute Marktplatz. Herzblut steckt in der Pflege des 1.000-jährigen Rosenstocks. Herzenssache ist die preisgekrönte freie Theaterszene. Und die kurzen Wege vom Einkaufsgetümmel ins Grüne sind auf jeden Fall herzschonend.
In Hildesheim treffen jahrhundertealte Kulturgeschichte und zeitgenössische Kunst, kreative Köpfe in Theater, Musik, Literatur, bildender Kunst und innovative Unternehmer aufeinander. Überaus charmante Veranstaltungen und Aktionen bringen eine wunderbare Leichtigkeit in die Stadt. Ein wichtiger Faktor für die hohe Lebensqualität sind die engagierten Bürgerinnen und Bürger. Nicht nur für sie ist Hildesheim besonders liebes- und lebenswert – eine Wohlfühlstadt eben.

Einmalige Zeugnisse der Vergangenheit

Was haben das Schloss von Versailles, die Akropolis in Athen und der Tower in London mit Hildesheim gemeinsam? Sie sind wie St. Michaelis und Mariendom Welterbestätten der UNESCO, der Organisation der Vereinten Nationen für Bildung, Wissenschaft und Kultur. Die Kirche St. Michaelis (1010) und der Mariendom (1042) gelten als einzigartige Zeugnisse romanischer Baukunst. Deshalb sind sie seit 1985 Weltkulturerbe und zählen damit zu den bedeutenden Kulturgütern der Menschheit. „Die beiden Gebäude und die zu ihnen gehörenden Kunstschätze vermitteln einen umfassenden Zugang zum Verständnis der Einrichtung romanischer Kirchen im christlichen Abendland", so die UNESCO. Fachleute und Kulturinteressierte aus dem In- und Ausland reisen an, um die Welterbestätten und ihre wertvolle Ausstattung in Hildesheim zu sehen. Zurückhaltend hanseatisch machen die Hildesheimer nicht viel Aufhebens um ihre Kulturgüter. Hanseatisch? Ja, Hildesheim war Mitglied der Hanse und sogar auf dem letzten Hansetag, am 29. Mai 1669, in Lübeck vertreten. Angeben ist keine Hildesheimer Stärke – doch hier gibt es etwas Einmaliges, weltweit! Schlüsselwerke der mittelalterlichen Kunst. Dazu gehören in St. Michaelis u.a. die bemalten Stuckreliefs der Engelschorschranke (Ende 12. Jahrhundert) und die mit dem Jesseboom, dem Stammbaum Christi, bemalte Holzdecke aus dem 13. Jahrhundert. Im sanierten Mariendom, der 2015 zum 1.200-jährigen Bestehen des Bistums wiedereröffnet wurde, zählen die Bernwardtür (1015) und die Christussäule (1020)

Die Kirche St. Michaelis (1010) und der Mariendom (1042) gelten als einzigartige Zeugnisse romanischer Baukunst.

www.welterbe-hildesheim.de

www.unesco.de

9

zu den Schätzen. Damit aber nicht genug. Das Bistum Hildesheim besitzt eine der bedeutendsten Sammlungen mittelalterlicher Kirchenkunst in Europa. Kostbare Kelche, Altarkreuze und -leuchter sind erlesene Kunstwerke des Dommuseums. Bis heute werden sie bei Gottesdiensten und Prozessionen eingesetzt. Fünfzig der sakralen Kostbarkeiten sorgten im Jahr 2013 im New Yorker Metropolitan Museum of Art für einen Begeisterungssturm. Seit April 2015 sind die Schätze im neu gestalteten Dommuseum zu bewundern. Mittelalterliche Werke treffen hier auf zeitgenössische Kunst. Beispielhaft zeigt sich das an einer der ältesten Marienfiguren (um 1010) abendländischer Kunst: Die Köpfe der Goldenen Madonna und des Kindes auf ihrem Schoß sind neue Kunstwerke aus dem Jahr 2013.

Weitere Welterbestätten in 24 bzw. 55 Kilometer Entfernung sind das Fagus-Werk in Alfeld und das Bergwerk Rammelsberg wie auch die Altstadt Goslars. Das Fagus-Werk ist seit 2011 UNESCO-Welterbestätte und gilt als das erste moderne Industriegebäude der Welt. 1919 baute Walter Gropius das Werk mit einer Fassade aus Glas und Stahl. Die Schuhleistenfabrik setzte damit einen Meilenstein in der Architekturgeschichte. Noch heute werden in dem Denkmal Schuhleisten gefertigt.

Seit 1992 sind das Bergwerk Rammelsberg und die Altstadt von Goslar Welterbestätten. Mit dem Bergwerk verbindet Hildesheim viel – schließlich soll das Erz der Bernwardtür aus dem Rammelsberg stammen. 2010 wurde diese Welterbestätte erweitert: Das Oberharzer Wasserregal, einschließlich des Klosters Walkenried und des historischen Bergwerks Grube Samson kamen dazu.

Vermutlich eine Stiftung des Bischofs Bernward: die Goldene Madonna ▪

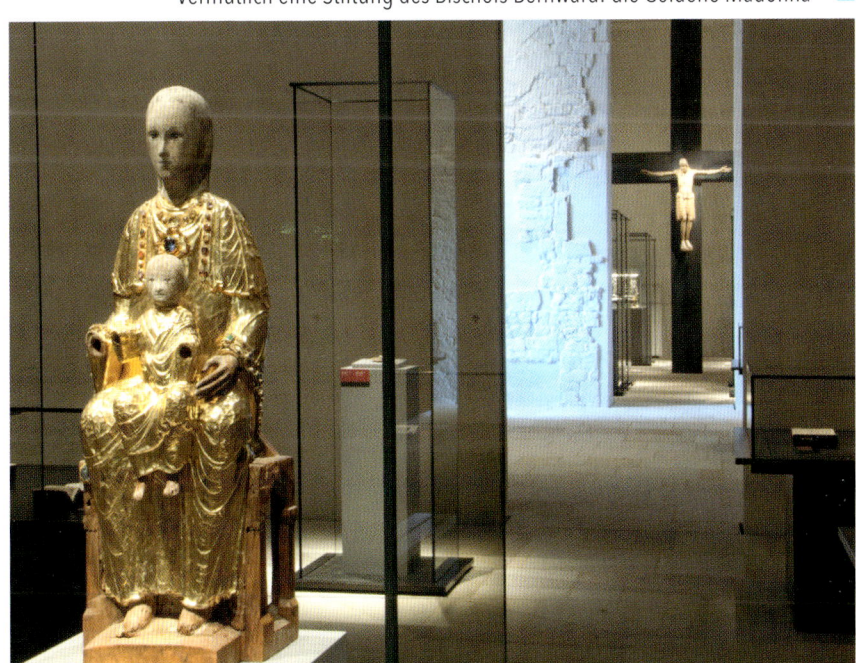

■ Ein rekonstruiertes Fachwerk-Hochhaus: das Knochenhaueramtshaus

Das Herz der Stadt

Seit dem Wiederaufbau des historischen Marktplatzes in den 80er-Jahren hat Hildesheim seinen zentralen Treffpunkt und ein Stück seiner Identität wieder. Die „gute Stube" nennen die Hildesheimer ihren Markplatz mit den Neubauten. Das Wedekind-, Lüntzel- und Rolandhaus stehen als reine Fassadenbauten im Süden. Im Westen wurden das Bäckeramtshaus und das Knochenhaueramtshaus rekonstruiert. Im Norden gehören die Stadtschenke, das Rokoko- und Wollenwebergildehaus zu einem Hotelkomplex. Die Zuschauer des Norddeutschen Rundfunks (NDR) wählten das Knochenhaueramtshaus 2011 zum schönsten Bauwerk im Norden Deutschlands. Dies ist eine weitere Bestätigung für die Hildesheimer, die sich für die Wiederentstehung des historischen Marktplatzes eingesetzt

www.hildesheim.de

1970 gründeten einige Bürger die Gesellschaft zum Wiederaufbau des Knochenhaueramtshauses.

hatten. Der Weg dahin war weit: Rund 80 Prozent aller innerstädtischen Gebäude, darunter viele Fachwerkbauten, wurden durch den Bombenangriff am 22. März 1945 zerstört. Während die zerbombten Kirchen bis Mitte der 1960er Jahre wieder aufgebaut wurden, gestaltete man den Marktplatz neu: Die Fläche wurde verdoppelt, ein großer Parkplatz angelegt. Das in den 60er-Jahren gebaute Hotel „Rose" nahm den Platz des Knochenhaueramtshauses ein. Der Marktplatz war insgesamt keine städtebauliche Glanzleistung. Erbitterte Debatten um den Wiederaufbau des Knochenhaueramtshauses führte man bereits in den 50er-Jahren – die Befürworter konnten sich damals nicht durchsetzen. 1970 gründeten einige Bürger die Gesellschaft zum Wiederaufbau des Knochenhaueramtshauses. Sie wollten

die Hoffnung nicht aufgegeben. Denn das ursprünglich im Jahr 1529 erbaute Haus war für sie ein Teil der städtischen Identität: War es doch mit acht Stockwerken und einer Giebelhöhe von 26 Metern ein wahres Fachwerk-Hochhaus. „Das monumentalste unter allen Holzhäusern Deutschlands" nannte es der Kunsthistoriker Georg Dehio in dem Standardwerk „Handbuch der deutschen Kunstdenkmäler". Am 14. März 1983 fiel im Rat der Stadt eine wichtige, aber äußerst knappe Entscheidung: Mit 23 Ja-Stimmen, 22 Nein-Stimmen und einer Enthaltung wurde beschlossen, den Markt auf seine ursprüngliche Größe zurückzuführen. Der Stadtsparkasse gab man gleichzeitig die Empfehlung, ihren geplanten Neubau mit historischen Fassaden zu versehen. Der Durchbruch für den Wiederaufbau des historischen Marktplatzes war geschafft – 1989 stand das Knochenhaueramtshaus an seinem angestammten Platz. Seitdem

14

schlägt das Herz Hildesheims wieder auf dem Markt. Mittwochs und samstags stehen die Wagen der Händler vor dem Rathaus. Hier ist ein wichtiger Veranstaltungsort: Musiktage, Eröffnung Jazztime, Wedekind-Lauf, Pflasterzauber, Weinfest, Automeile, Weihnachtsmarkt.

Touristen bleiben staunend auf dem Platz stehen und bewundern das harmonische Häuserensemble. Die reinen Fassadenbauten an der Südseite fallen meist gar nicht auf. Kritiker hatten diesen Teil als Disneyland verspottet. Verweisen wir lieber auf Wilhelm von Humboldt: Er bezeichnete diesen Ort als den „schönsten Marktplatz der Welt".

Vor dem Rathaus am Markt ist der Treffpunkt für den Wedekindlauf

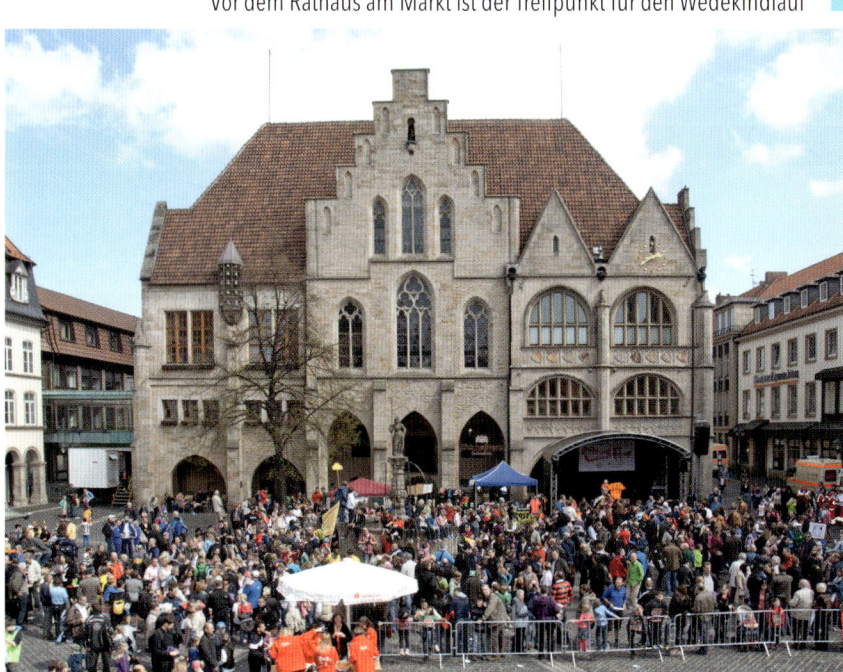

DER · MENSCHHEIT · WUERDE
IST · IN · EURE · HAND · GEGEBEN
BEWAHRET · SIE · SIE · SINKT · MIT · EUCH
MIT · EUCH · WIRD · SIE · SICH · HEBEN

Was für ein Theater

Hildesheim stand bis vor Kurzem nicht in Verdacht, Niedersachsens heimliche Theaterhauptstadt zu sein – das hat sich grundlegend geändert. Beim Festival Freier Theater der Stiftung Niedersachsen kamen 2013 allein fünf der sechs preisgekrönten Gruppen aus Hildesheim. Die freie Theaterszene ist groß und die Keimzelle schnell ausgemacht: Es ist der Studiengang Kulturwissenschaften und Ästhetische Praxis an der Stiftung Universität. Das Theaterhaus am Langen Garten ist die größte Spielstätte für Freies Theater in der Stadt. Bundesweit einmalig ist hier, dass sich 30 freie Ensembles zu dem Theaterhaus Hildesheim e. V. zusammengeschlossen haben. Erfolgreiche und hochwertige Stücke, u. a. aus den Bereichen Schauspiel, Improvisations-, Musik-, Tanz- und Kindertheater, werden hier gespielt. Die Produktionen sind herzerfrischend witzig, scharfsinnig unterhaltend und hinreißend komisch. Zum Theaterhaus gehören ganz junge Ensembles, aber auch Gruppen, die schon über 20 Jahre auf der Bühne stehen. Neues Theater wird hier nicht nur in Festivals und Spielreihen präsentiert.

Die Produktionen sind herzerfrischend witzig, scharfsinnig unterhaltend und hinreißend komisch.

Kurse, Projekte und Workshops bieten die freien Kulturpädagogen an, die sich zu dem Netzwerk Theaterpädagogisches Zentrum Hildesheim e. V. (TPZ) zusammengeschlossen haben. Einen Schwerpunkt setzt das TPZ auf die Arbeit mit Kindern und Jugendlichen. Theater-, Musik- und Tanzprojekte werden vom Kindergarten bis zur Berufsschule angeboten und theaterpädagogisch betreut. Auch können Geburtstagskinder mit ihren Gästen ein selbst erdachtes Stück auf die Bühne bringen. Leh-

www.theaterhaus-hildesheim.de

www.tpz-hildesheim.de

www.tfn-online.de

rer, die richtig Theater an ihrer Schule machen wollen, erhalten vom TPZ eine zertifizierte berufsbegleitende Weiterbildung. Regelmäßig erhält das TPZ für seine Arbeit Preise und Auszeichnungen.

Eine über 100-jährige Theatertradition findet man im Stadttheater, das seit seiner Fusion 2007 mit der Landesbühne Hannover Theater für Niedersachsen (TfN) heißt. Das TfN ist ein Drei-Sparten-Haus: Schauspiele, Opern, Operetten und Musicals werden hier produziert und Konzerte gespielt. Es ist deutschlandweit das kleinste dieser Art und das einzige subventionierte Theater mit einer Musical Company. Einen ganz besonderen Platz nimmt das Junge Theater am TfN ein, das Kinder und Jugendliche regelmäßig ins Theater holt. Hier darf zugesehen, ausprobiert und mitgemacht werden. Allein könnte das TfN dieses Angebot kaum bieten. Seine Partner sind das Theaterpädagogische

Zentrum Hildesheim e.V. und das Theaterhaus Hildesheim e.V. 2013 wurde das Junge Theater im TfN von der internationalen Vereinigung des Theaters für Kinder und Jugendliche für die „Kunst des Veranstaltens" ausgezeichnet. Seit 1992 findet hier jeweils im Februar die Kindertheaterwoche statt – in der viele freie Theatergruppen das Programm gestalten. Bei den Hildesheimer Familien sind die Eintrittskarten heiß begehrt. Sobald die Stücke bekannt sind, sollte man sich Tickets besorgen – zu schnell sind sie ausverkauft. Die internationale Theatervereinigung sieht das Kinderfestival in Hildesheim als Bereicherung des Alltags der Kinder. Stimmt auffallend!

Das Theater R.A.M. gehört zu den freien Ensembles des Theaterhauses

Für die Restaurierung des Wernerschen Hauses wurde gespendet

Die Stadt der engagierten Bürger

Ehrenamtliches Engagement kann glücklich machen – das haben Wissenschaftler herausgefunden. Die Hildesheimer scheinen dies seit Jahrhunderten zu wissen: Hier ist Tradition, dass sich die Bürger für ihre Stadt einsetzen. Sie füllen Ehrenämter aus, gründen Fördervereine oder Freundeskreise, nutzen ihre Netzwerke, sammeln oder spenden Geld. Auf diese Weise zeigen sie, wie eng sie sich mit Hildesheim verbunden fühlen. Eine herausragende Eigenschaft dabei ist, dass die Städter Vereine, Gesellschaften und Initiativen *für* und nicht *gegen* eine Sache gründen. Wenn sie überzeugt sind, dass sie mit ihrem Einsatz etwas Positives erreichen, dann kann die Stadt auf ihre Bürger zählen.

Hildesheimer Bürgerstiftung
Eckemekerstraße 36
31134 Hildesheim
05121 80902
www.buergerstiftung-hildesheim.de

Nur einige Beispiele zeigen den bemerkenswerten Einsatz der Hildesheimer. Als eine der ersten Bürgerstiftungen in Deutschland wurde 2001 die Bürger-Stiftung Hildesheim gegründet. Fast 200 Stifter haben sich hier engagiert und unterstützen verschiedene soziale und kulturelle Projekte.

Die Hildesheimer bauen aber nicht nur auf, sie sorgen auch dafür, dass Wertvolles erhalten wird.

Den wiederaufgebauten historischen Marktplatz gäbe es nicht ohne die intensiven jahrelangen Bemühungen einiger Hildesheimer. Ihnen ist es zu verdanken, dass rund ein Sechstel der Baukosten von 18,3 Millionen D-Mark vom Bauherrn, der Bürgergemeinschaft Marktplatz Hildesheim GmbH & Co KG, getragen werden konnte. Die Hildesheimer bauen aber nicht nur auf, sie sorgen auch dafür, dass Wertvolles erhalten wird – und das ehrenamtlich: Das Wildgatter am Steinberg wäre längst geschlossen, hätte dies nicht seit 2009 ein Förderverein ver-

hindert. Ein positiver Nebeneffekt: Der Einsatz hat aus ehemals Fremden die besten Freunde gemacht. Viel Zeit investieren freiwillige Helfer in Vereinen und Projekten, in Schulen und Kindergärten, in der Stadtbibliothek und im Mehrgenerationenhaus. Unternehmen, Institutionen und Privatleute treten mal mehr, mal weniger öffentlich als Unterstützer auf. Außerdem gibt es in Hildesheim noch Unternehmer, die ihre soziale Verantwortung ernst nehmen. Da wurde z. B. die Musikschule erst finanziell gefördert, später ein Nachbargebäude gekauft. Heute ist dort u. a. Hildesheims erster Musik-Kindergarten untergebracht.

Auch die Kirchen können bei der Umsetzung ihrer Pläne auf die Hilfe der Bürger zählen. 1992 kamen innerhalb von nur 18 Monaten 970.000 D-Mark für den Treppenaufstieg von St. Andreas zusammen. In St. Lamberti konnte durch Spenden der Bau des Turmhelmes im Jahr 2007 mitfinanziert werden.

In St. Michaelis kauften Bürger u.a. neue Bodenplatten und Stühle und spendeten dem Freundeskreis fleißig Geld für ihre Vorhaben. Großen Zuspruch hat der im Jahr 2009 gegründete Dombauverein, der die Sanierung des Mariendoms unterstützt. Es ist der bei Weitem am schnellsten gewachsene Dombauverein Deutschlands. Innerhalb der ersten drei Jahre fanden sich über 500 Mitglieder und im Bistum Hildesheim sammelte man 1,1 Million Euro Spendengelder.

Durch Stiftungen in Hildesheim werden Projekte u.a. im Naturschutz, in Kunst und Kultur, in Bildung und Denkmalpflege unterstützt – über 50 davon gibt es in der Region.

Ein neues Lichtkonzept lässt den Mariendom erstrahlen ▪

Ein Auwald mit Blütenteppich im Frühjahr: der Haseder Busch

Naturerlebnisse vor der Stadt

Wer die Natur pur genießen und möglichst wenig Menschen treffen möchte, kann in Hildesheim zu einem wunderbaren Ort gehen: zu dem 2007 aufgegebenen Standortübungsplatz der Bundeswehr im Nordwesten der Stadt. In dem Naturschutzgebiet „Lange Dreisch/Osterberg" entspricht der Begriff „Naherholungsgebiet" tatsächlich seiner Bedeutung. Man trifft auf ein paar urtümliche Bewohner. Einem dieser Typen in die Augen zu schauen, ist gar nicht so einfach – der Urzeitkrebs Triops cancriformis hat nämlich drei davon. Er lebt in wassergefüllten Senken, die früher von Panzern in den Boden gedreht wurden. Der äußere Bauplan dieser Spezies hat sich seit über 220 Millionen Jahren nicht verändert. Er ist somit so alt, wie das Gestein um ihn herum. In Hildesheim ist niedersachsenweit der größte Bestand dieses Sommerschildkrebses zu finden. Das 279 Hektar große Gelände trägt seit 2011 das Prädikat „Nationales Naturerbe". Hier findet man rund 2.000 Tier- und Pflanzenarten – davon stehen 250 auf der Roten Liste der vom Aussterben bedrohten oder gefährdeten Arten. Hildesheim hat nicht nur viel Grün direkt in der Stadt, sondern ist umgeben von wertvollen Naherholungsgebieten. Im Süden gehört das Innerstetal zwischen der Bachmündung der Beuster und dem Rothen Stein dazu. Die als Naturschutzgebiet „Am roten Steine" ausgewiesene Landschaft mit ihren Gewässern, den blühenden Wiesen und dem Auenwäldchen ist Lebensraum vieler Tiere. Entdecken kann man dieses Gebiet auf dem rund sechs Kilometer langen Rundweg „Alles im Fluß":

www.hildesheim.de

Hildesheim hat nicht nur viel Grün direkt in der Stadt, sondern ist umgeben von wertvollen Naherholungsgebieten.

Von der Innerste bis zur Marienburg und vom Roten Stein zurück zum Lönsbruch. Das westlich der Stadt gelegene Naturschutzgebiet „Gallberg" ist wie „Lange Dreisch/Osterberg" und „Am roten Steine" ein Teil des europäischen Schutzgebiets „Natura 2000". Auch hier gibt es einen Entdeckerpfad in die Natur. An den Muschelkalkhängen blühen im Mai Orchideen. Wichtige Landschaftspfleger sind Schafe – eine jahrhundertealte Beweidungstradition wird damit fortgeführt. Schafe sind auch im Lebensraum des Triops unterwegs, der nur einen Kilometer nördlich des Gallbergs liegt. Dieses Gebiet ist insgesamt ein wahrer Glücksfall für die Stadt: Vier unterschiedliche, wertvolle Landschaften liegen wie sonst nirgendwo in Niedersachsen so eng beieinander. Deshalb wird es auch als „Naturerlebnisgebiet Kleeblatt" bezeichnet. Dazu gehören die ausgedehnten Weideflächen der Langen Dreisch und des Osterbergs, der historische

Weidewald Mastberg mit Hainbuchen- und Eichenbestand, der Haseder Busch als artenreichster Auenwald Niedersachsens, die Giesener Berge und die offenen Muschelkalkhänge der Giesener Teiche als Zeugen der Erdgeschichte. Über die Giesener Teiche schrieb Hermann Löns 1911: „Weit vor der Stadt, zwischen Hügeln verborgen, liegen zwei Teiche. Kein Reiseführer nennt sie, keine Karte führt sie an, und so flutet der Strom der Ausflügler an ihnen vorbei. Nur einige wenige Naturfreunde suchen dort seltene Blumen und stellen den Käfern und Schmetterlingen nach …" Daran hat sich nichts geändert.

Lebt gern in Hildesheim: der Urzeitkrebs Triops cancriformis

■ Sagenumwoben ist der 1.000-jährige Rosenstock an der Apsis des Domes

Sagenhaft: der 1.000-jährige Rosenstock

Mitten in der Stadt liegt etwas versteckt ein fast magischer Ort: der Kreuzgangbereich des Mariendoms. Hier, an der Apsis des Domes, rankt sich der berühmte 1.000-jährige Rosenstock empor. Die Wildrose (Rosa canina) blüht jedes Jahr Ende Mai bis Anfang Juni rund zwei Wochen lang. Jede einzelne Blüte hat nur fünf zartrosa-farbene Blütenblätter. Um diese Rose rankt sich die Gründungslegende des Bistums. Hier soll im Jahr 815 Kaiser Ludwig der Fromme die erste Marienkapelle errichtet haben. Der Legende nach konnte sein Hofkaplan ein Marienreliquiar nicht wieder aus einer wilden Rose lösen, an die er es gehängt hatte. Der Kaiser habe dies als Zeichen Gottes gesehen und hier sein neues Bistum gegründet. Ob die Wildrose tatsächlich 1.000 Jahre alt ist, ist nicht sicher. In Hildesheim wird sie jedoch als Zeichen der Hoffnung gesehen. Als am 22. März 1945 die Stadt bombardiert wurde, verschwand die Rose unter Trümmern, alle oberirdischen Triebe verbrannten. Wenige Wochen nach Kriegsende entdeckte der in den Trümmern spielende Enkel des Küsters den ersten grünen Trieb der Rose am Wurzelstock. Seitdem heißt es in Hildesheim: Solange die Rose blüht, wird Hildesheim nicht untergehen – ein Leitspruch, an den viele Menschen glauben. Seit 1945 werden die Triebe mit der jeweiligen Jahreszahl ihres Wachstums gekennzeichnet. Das Schild von 1945 liegt wie ein kleines Teilstück des 1987 vertrockneten Rosentriebs in der Krypta von St. Michael. Die Rosenblüte wird jedes Jahr in einem Festakt gefeiert.

Solange die Rose blüht, wird Hildesheim nicht untergehen – ein Leitspruch, an den viele Menschen glauben.

1.000-jähriger Rosenstock
Dominformation
Domhof 18–21
31134 Hildesheim
05121 1791649
www.bistum-hildesheim.de

Moderner Bau mit alten Schätzen: das Roemer- und Pelizaeus-Museum

Prachtstück der ägyptischen Sammlung ist die Statue des Hem-iunu

Schätze Ägyptens

Als kränkelnder Jüngling wurde der 17-jährige Wilhelm Pelizaeus aus Hildesheim 1869 zu seinem Onkel nach Ägypten geschickt. In Alexandria sollte er genesen und im Unternehmen seines Onkels kaufmännische Erfahrungen sammeln. Der wirtschaftliche Erfolg kam schnell und Pelizaeus fing an, sich für antike Objekte zu interessieren und sammelte sie. Bei Aufenthalten in Hildesheim lernte er den Senator und Sammler Hermann Roemer kennen, der in Hildesheim die „Welt in Vitrinen" zeigen wollte. Pelizaeus schickte ihm aus Ägypten eine Mumie für ein geplantes Ägyptisches Zimmer. Anfang des 20. Jahrhunderts finanzierte Pelizaeus zwei Ausgrabungen auf dem Pyramidenfriedhof von Gizeh. Durch Fundteilung und Zukäufe erweiterte er seine altägyptische Sammlung, die er 1907 der Stadt schenkte. Zu sehen ist sie heute in dem nach den beiden Sammlern benannten Roemer- und Pelizaeus-Museum. Weltweit gehört sie zu den wichtigsten Sammlungen des Alten Reiches aus dem Zeitalter der großen Pyramiden. Glanzstück der Ausstellung ist die Sitzstatue des Wesirs Hem-iunu. Außergewöhnlich ist die lebensnahe Darstellung des wohlgenährten Mannes – ein Zeichen für Macht und Reichtum. Die Figur wurde in der Kammer seines Grabes in der Nähe der Cheopspyramide gefunden. Trotz Plünderung des Grabes blieb sie dort – das mag wohl an ihrem Gewicht von über einer Tonne gelegen haben. Lediglich der stark beschädigte Kopf musste rekonstruiert werden. Hem-iunu zählt neben Nofretete zu den bedeutenden Kulturschätzen aus dem Alten Reich.

Roemer- und Pelizaeus-Museum
Am Steine 1–2
31134 Hildesheim
05121 93690
www.rpmuseum.de

Weltweit gehört sie zu den wichtigsten Sammlungen des Alten Reiches aus dem Zeitalter der großen Pyramiden.

AN: 1705
No 7.

Hildesheimer
RELATIONS-COURIER

Mittwochs. vom 15 Julii.

Mantua vom 25. Junii.

Den 21ten dieses haben beyde Armeen im Brescia-
nischen in Ordre de Bataille gestanden / dieweil der
Printz Eugenius von Savoyen sich aller Krieges-
List bedienete / um zu sehen / ob die Frantzosen sich
von ihren eingenommenen Cossinen abziehen würden/
und seinem fingirten March folgen mögten; Allein
der Groß-Prior von Vendome blieb auff seinem Po-
sten stehen / und als Er vernahm / daß die Teutschen
ein Detachement nach dem Thal von Bergamasco ab-
geschickt / und sich gegen Brescia moviret hätten/ hat

Druckfrische Nachrichten seit 1705

Neuigkeiten verbreiteten sich am Anfang des 18. Jahrhunderts eher umständlich – durch einen reitenden Kurier, der seine Ankunft mit einem Stoß ins Horn ankündigte. In Hildesheim ist man im Jahr 1705 schon fortschrittlicher: Der reitende Kurier ist lediglich als Zeichnung auf der ersten Stadtzeitung, dem Hildesheimer Relations Courier zu sehen. Am 24. Juni 1705 gibt Johann Christian Hermitz die Zeitung zum ersten Mal heraus. Sie erscheint zweimal wöchentlich. Bis auf wenige, kurze Unterbrechungen wurde die Nachrichtenverbreitung in Zeitungsform in Hildesheim über die Jahrhunderte beibehalten. Nur der Name hat sich geändert. Aus dem Relations Courier wurde die Hildesheimer Allgemeine Zeitung (HAZ) – und sie erscheint täglich, außer sonntags. Die HAZ ist Deutschlands älteste Tageszeitung, die bis heute noch existiert. 2005 wurde das 300-jährige Bestehen gefeiert. Seit dem Jahr 1807 gehört die Zeitung der Verlegerfamilie Gerstenberg. Damals zog der Buchhändler Johann Daniel Gerstenberg aus St. Petersburg in die Heimatstadt seiner Frau und pachtete hier das Zeitungs-Privileg. Mittlerweile führt die siebte Generation das Medienunternehmen. Was den Relations Courier und die HAZ eint, ist die politische Brisanz der Meldungen auf der Titelseite. Im Jahr 1705 klingt das so: „Ihre Päpstl. Heiligkeit haben einen Courier nach Polen spediret / wie man sagt mit einem Brever / durch welches dem Cardinal Primas sein Bißthum genommen wird / damit Er die Crönung des neu=erwählten Stanislai nicht könte vornehmen …"

Hildesheimer Allgemeine Zeitung
Rathausstraße 18–20
31134 Hildesheim
05121 1060
www.hildesheimer-allgemeine.de

Die HAZ ist Deutschlands älteste Tageszeitung, die bis heute noch existiert.

Viel Liebe steckt in den sanierten Fachwerkhäusern am Lappenberg

Die christliche Tugend Spes (Hoffnung) geschnitzt am Wernerschen Haus

Romantische Fachwerkstraßen

In den vergangenen Jahrhunderten war der Lappenberg in der Hildesheimer Neustadt sicher kein bevorzugtes Wohngebiet. Der bereits 1493 bezeugte Ort war eine Lumpensammelstelle. Heute gehört das Viertel rund um den Lappenberg zu den romantischen Orten in Hildesheim. Denn nur hier in der Neustadt und in Teilen der südlichen Altstadt sind noch Straßenzüge mit liebevoll restaurierten Fachwerkhäusern zu finden. In der Neustadt gehören die Knollenstraße, Keßlerstraße, der südliche Teil der Wollenweberstraße, Lappenberg, Gelber Stern und die Gasse Am Kehrwieder dazu. Im Juni ist die Keßlerstraße besonders bunt: Dann blüht fast an jedem Haus eine Kletterrose. Eines der schönsten Fachwerkhäuser der Straße steht am östlichen Ende: Es ist die Dompropstei aus dem 16. Jahrhundert. Im Waffenschmiedehaus (Gelber Stern 21) aus dem Jahr 1548 ist das Neißer Heimatmuseum untergebracht. Der Name der Straße hat übrigens nichts mit dem ehemaligen jüdischen Viertel in der Nähe zu tun. Seit 1650 ist sie als „geiler Stert" (plattdeutsch „Stert" bedeutet Schwanz) bekannt – vermutlich der Prostituierten wegen. Erst Anfang des 19. Jahrhunderts wurde die Straße Gelber Stern genannt.

Der Brühl, der Hintere Brühl und der Godehardsplatz gehören zur südlichen Altstadt. Der Name Brühl deutet auf ein sumpfiges Gelände hin. Das schönste Haus am Hinteren Brühl stammt aus dem Jahr 1606: das Wernersche Haus. Es wurde im Jahr 2011 aufwendig restauriert – und die Renaissance-Brüstungsfelder strahlen heute vermutlich so wie bei seiner Fertigstellung.

Wernersches Haus
Hinterer Brühl 12 a
31134 Hildesheim
www.hildesheim.de

Heute gehört das Viertel rund um den Lappenberg zu den romantischen Orten in Hildesheim.

Chefin Sabine Beste mit frisch gebackenem Hildesheimer Pumpernickel

Knusprig, würzig, gut!

Es sind die süßen Krumen, die den feinen Unterschied machen. Woraus sie bestehen, verrät Konditor Holger Beste nicht. Sie sind das Firmen- und Familiengeheimnis und die Grundlage für das Traditionsgebäck „Hildesheimer Pumpernickel". Seit vier Generationen werden die Pumpernickel von der Familie Beste hergestellt – immer am selben Ort. Denn die Bäckerei/Konditorei existiert bereits seit 1839 an der Almsstraße. Wer bei Pumpernickel dunkles Brot erwartet, liegt hier falsch: Die Hildesheimer Variante des Pumpernickels ist ein hartes, würziges und süßes Gebäck in Rautenform. Aus Mehl, Wasser, gemahlenen Mandeln, Vanille, Salz, Hirschhornsalz, Zimt und Nelken – und eben den süßen Krumen – stellt der Konditor die Pumpernickel her. Nach dem ersten Backen wird der warme Teig in Rautenform geschnitten und kommt noch einmal in den Ofen. Kühlt er aus, ist er sehr knusprig. Deshalb sollte man gute Zähne haben, wenn man die Hildesheimer Pumpernickel genießt. Diejenigen, die ihr Gebiss schonen wollen, dürfen sie natürlich auch in den Kaffee tunken. Es soll Hildesheimer geben, die eine alkoholreiche und mit großer Vorsicht zu genießende Wintervariante für den Hausgebrauch bevorzugen: die Branntwein-Kaltschale. Dazu werden die Pumpernickel zerbröselt und mit Schnaps übergossen, bis sich das Gebäck vollgesaugt hat. Einen Tag ruhen lassen und bei Bedarf noch etwas Alkohol hinzufügen. Die Masse darf nicht zu flüssig sein und sollte einem stichfesten Brei ähneln. Wohl bekomms!

Stadtcafé Beste
Almstraße 40
31134 Hildesheim
05121 35473

Die Hildesheimer Variante des Pumpernickels ist ein hartes, würziges und süßes Gebäck in Rautenform.

■ Die Jazztime lockt jedes Jahr bis zu 30.000 Musikfans zum Theater

Pfingsten ist Jazztime

Viele Hildesheimer wissen heute schon, was sie am kommenden Pfingstfest machen: Sie gehen zur Jazztime – ist doch klar, das hat in Hildesheim Tradition. Denn das dreitägige Festival findet bereits seit 1979 statt – und das jedes Jahr. Wenn man sich sonst nicht in Hildesheim über den Weg läuft – zur Jazztime garantiert. Ein bisschen ist es wie Weihnachten: Diejenigen, die schon lange nicht mehr in Hildesheim wohnen, kommen dann garantiert zu ihrer Jazztime-Familie. Die Organisatoren vom Kulturverein Bischofsmühle Cyclus 66 e.V. schaffen es, neben nationalen auch internationale Künstler auf die Bühnen am Theater für Niedersachsen (TfN) zu holen. Paul Kuhn, Till Brönner und Helge Schneider sowie Ron Carter, Stan Getz und Jan Garbarek waren u.a. schon dabei. Zu den Gala-Konzerten geht man ins TfN. Die meisten

www.jazztime-hildesheim.de

> Diejenigen, die schon lange nicht mehr in Hildesheim wohnen, kommen dann garantiert zu ihrer Jazztime-Familie.

Auftritte sind jedoch auf der Open-Air-Bühne vor dem Theater. Tickets dafür gibt es nicht – es werden an den drei Tagen verschiedenfarbige Pins verkauft. Sie sind mittlerweile heiß begehrte Sammelobjekte. Und während die Bands spielen, verwandeln sich die Wiesen rund um das Theater in eine riesige Picknickdecke. Bis zu 30.000 Begeisterte sind an den drei Tagen dabei. Die Stimmung steigt, wenn die lokalen Größen ihre Fans beglücken – dazu gehören: B. B. & The Blues Shacks (Europas beste Bluesband), Lösekes Blues Gang, Madison Skiffle Company, The Blues Guys & The Guinness Horn und Lucky Beggar & the dirty keys. Tschüss, wir sehen uns – spätestens im nächsten Jahr auf der Jazztime …

■ Beim Fest im Magdalenengarten stehen Rosen im Mittelpunkt

■ Gelbe Wildtulpen blühen im Frühling am gesamten Westhang des Gartens

Verstecktes Paradies

Versteckt hinter dicken Mauern lag der Magdalenengarten jahrzehntelang unberührt – einer der ältesten historischen Gärten Niedersachsens verwilderte immer mehr. Er gehört zu dem im Jahr 1224 gegründeten Kloster der Büßenden Schwestern von St. Magdalenen, im Mittelalter das einzige Nonnenkloster der Stadt. Vorher nutzten vermutlich die Mönche des nahen Klosters St. Michael den Garten vor den Toren der Stadt. Nach dem Zweiten Weltkrieg entstand hier ein Seniorenheim. Erst 2003 holte eine Privatinitiative den Garten aus seinem Dornröschenschlaf: Tonnenweise wurde Kriegsschutt weggeräumt, wild gewachsene Bäume und wuchernde Sträucher entfernt. Als die Sonne wieder auf den Westhang scheinen konnte, kam ein kleiner Schatz hervor: Im Frühling leuchtet ein Teppich gelb blühender Wildtulpen. Nach historischem Vorbild wurde ein in acht quadratische Flächen unterteilter Barockgarten angelegt. Jedes Jahr zur Rosenblüte im Juni findet seit 2006 ein Gartenmarkt, das sogenannte Magdalenenfest, statt. Ein Rosenmuseum zeigt die Kulturgeschichte der Königin der Blumen.

Eine Streuobstwiese im Norden grenzt den Schmuckgarten von einer kleinen Besonderheit ab: Versteckt liegt hier ein Weinberg mit 99 Rebstöcken der Sorten Müller-Thurgau und Phoenix. Der Hildesheimer Weinkonvent bewirtschaftet den bischöflichen Weinberg, den er 1995 für 50 Jahre gepachtet hat. Als Pachtzahlung für die Nutzung des Bodens erhält der Bischof den „Zehnten" – in flüssiger Form. Mit einigen Flaschen des „Hildesheimer St. Magdalenengartens" erfüllt der Weinkonvent seine Pflicht.

Magdalenengarten

Zugang Caritas-Magdalenenhof Mühlenstraße 24 oder Grundstück Klosterstraße 6 31134 Hildesheim www.magdalenen fest-hildesheim.de

Im Frühling leuchtet ein Teppich gelb blühender Wildtulpen.

■ Andreaner Georg Philipp Telemann vertonte die „Singende Geographie"

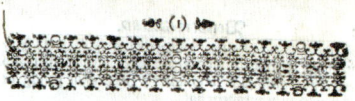

Vorbereitung

I.

Wie die GEOGRAPHIA zu lernen.

Kommt zu lernen mit Belieben/
Wie der Erd-Kreis wird beschrieben/
Theils auff Holtz/ theils auff Papier.
Jenes stellt den GLOBUM für/
Dieses giebet uns die Charten/
Die von unterschiednen Arten.

Die Ermunterung klinget/ wie Davids seine Ps. LXVI. 5. XLVI. 9. Suche nun mein Leser/ auch in diesem studio, was David will. Hingegen gewehne sich die Jugend jene Ablockungen zu verdammen/ deren Inhalt zu lesen ECLVI.12. Prov.VII.18. Prov.I. 11.

Mit Belieben und zu eiteln Belieben zu lernen/ ist sehr unterschieden. Die GEOGRAPHIE kan einen Verständigen indirectè auch zur Moralitè führen. Indessen gehet sie directè auff etwas curieuses, nemlich den Erd-Kreis sowoll durch Mathematische Theil- und Abmessung insgemein als Historische Anmerckungen insonderheit bekandt zu machen.

Die Mittel darzu sind der GLOBUS, oder höltzerne runde Kugel/ und MAPPÆ GEOGRAPHICÆ, als Papierne Serviettes und Conterfaits, Welche zwar die

Abmessung insgemein/als Historische Anmerckun-

■ Das Portal des ehemaligen Michaelisklosters führt zum Andreanum

Telemann und die singende Geografie

Eine völlig neue Art der Lernhilfe brachte der Direktor des Gymnasiums Andreanum, Johann Christoph Losius (1659–1733), an seine Schule: Singend führte Losius die Schüler in die Welt der Geografie ein. In 36 Merkreimen hatte Losius ein pädagogisches Buch mit dem Titel „Singende Geographie darin der Kern dieser nöthigen Wissenschafft in Deutliche Lieder verfasset / Und mit zulänglicher Erklärung an den neuesten Nachrichten mit allerhand Vortheilen durch alle Theile der Welt". Einer seiner Schüler hat die Reime vertont – es war der später berühmte Komponist Georg Philipp Telemann (1681–1767). Ihn hatte man seiner musikalischen Begabung wegen an die damals begehrte Gelehrtenschule eingeladen.

Gymnasium Andreanum Hildesheim
Hagentorwall 17
31134 Hildesheim
05121 165910
www.andreanum.de

Von 1697 bis 1701 drückte er hier die Schulbank, bevor er zum Jurastudium nach Leipzig ging. Telemann

Singend führte Losius die Schüler in die Welt der Geografie ein

bemerkte über seine Jahre in Hildesheim, dass er auch die von Direktor Losius geschriebenen Schuldramen vertonte, die jedes Jahr von Schülern aufgeführt wurden. Die ursprünglich an der St.-Andreas-Kirche angesiedelte Schule hat eine lange Geschichte: Die erste Erwähnung stammt aus dem Jahr 1225. In einem Brief ermahnte der Erzbischof von Mainz den für die Domschule zuständigen Kleriker, die Andreasschule nicht zu belästigen. Sie wurde wohl als Konkurrenz für die Domschule gesehen. Heute ist das Andreanum eine staatlich anerkannte Schule in Trägerschaft der evangelischen-lutherischen Landeskirche Hannovers.

Der MTOsport ist ein Gyrocopter-Modell aus Hildesheimer Produktion

Der richtige Dreh zum Abheben

Wenn die Sheriffs in der texanischen Kleinstadt Toball auf Patrouille fliegen, sitzen sie in Tragschraubern made in Hildesheim – gefertigt vom Fluggeräte-Produzenten AutoGyro GmbH am Flughafen. Im Department of Justice in den USA wurden die Vorteile des 115 PS starken Fluggerätes erkannt: wendig, wenig windempfindlich und kostengünstig. Die Grundausstattung für das Modell MTOsport liegt bei 45.000 Euro – rund ein Zehntel des Preises für einen normalen Hubschrauber. Rasant steigt die Nachfrage nach den sogenannten Gyrocoptern – und das Unternehmen des Firmengründers Otmar Birkner wächst mit. Der flugbegeisterte Mechatroniker hat es geschafft, im Jahr 2003 die erste Musterzulassung für seinen Tragschrauber MT03 in Deutschland zu bekommen – seit 2007 ist er in Serienfertigung. 2010 verließ bereits der 2.700. Flieger die Hildesheimer Produktionshallen. Mittlerweile wird jeden Tag ein neues Fluggerät gefertigt – und täglich sind sie im Himmel über Hildesheim zu sehen und zu hören. Die AutoGyro GmbH ist Weltmarktführer in Entwicklung, Produktion und Vertrieb von Tragschraubern. Und die Arbeit wird anerkannt: 2009 war das Unternehmen ausgewählter Ort bei „Deutschland – Land der Ideen", 2010 kam der „Große Preis des Mittelstandes", 2012 erhielt das neue Flugmodell „Cavalon" den Design-Preis „red dot award" und 2013 den German Design Award. Ein weiterer Coup der Überflieger: Der „Cavalon" erhielt eine weltweit anerkannte Fluggenehmigung. Jetzt können die Überflieger fast überall abheben …

AutoGyro GmbH
Dornierstraße 14
31137 Hildesheim
05121 8805600
www.auto-gyro.com

> Die AutoGyro GmbH ist Weltmarktführer in Entwicklung, Produktion und Vertrieb von Tragschraubern.

■ Schöner Blick auf die Kirche St. Godehard vom St.-Andreas-Kirchturm

■ Die St.-Andreas-Kirche überragt alle anderen Gebäude der Stadt

Zentraler Rundblick vom Turm

Wanderfalken haben sich das höchste Gebäude der Stadt, die St.-Andreas-Kirche, als Brutplatz ausgesucht. In dem 114,5 Meter hohen Turm, dem höchsten Kirchturm Niedersachsens, nisten die Falken seit Jahren. Vom Boden aus hört man die Greifvögel und sieht, wie sie elegant ihren Nistkasten in 100 Metern Höhe anfliegen. Besucher kommen auch auf den Turm – wenn auch nur bis auf 75 Meter Höhe – und weniger elegant. Sie müssen 364 Stufen erklimmen, um einen der schönsten Blicke auf die Stadt zu bekommen. Nach den ersten 130 Stufen einer steinernen Wendeltreppe gibt es die erste gute Gelegenheit zu verschnaufen – in 28 Meter Höhe ist das Turmzimmer. Der weitere Aufstieg führt am Glockenturm mit vier Glocken (Tonlagen ges, b, des′ und es′) und einem mechanischen Uhrwerk vorbei. Vor dem Aufstieg sollte mit einkalkuliert werden, dass das volle Geläut eine nachhaltige Wirkung haben kann – zumindest für die Ohren. Also: Vorher auf die Uhr sehen – oder sich bei Bedarf die Ohren zuhalten. Der höchste Punkt der Aussichtsplattform liegt in 75 Meter Höhe. Bei klarer Sicht hat man durch die doppelstöckige Fensterfront in Richtung Süden einen Blick bis zum Harz, in Richtung Norden bis weit in die Norddeutsche Tiefebene hinein.

Der Aufstieg auf den Turm ist seit 1995 wieder möglich – finanziert durch Spender, die sich symbolisch Stufen kaufen konnten. Wer sich heute viel Zeit beim Aufstieg lassen möchte, hat eine gute Begründung: Schließlich dauert es, bis man die Namen all der Spender auf den Messingschildern gelesen hat …

St.-Andreas-Kirche

Andreasplatz
31134 Hildesheim
05121 12434
Blick ins Wanderfalkennest:
www.andreaskirche.com/wanderfalken/

Sie müssen 364 Stufen erklimmen, um einen der schönsten Blicke auf die Stadt zu bekommen.

■ Das Gymnasium Josephinum gilt als älteste christliche Schule weltweit

Schule mit langer Geschichte

Singen, lesen, schreiben, rechnen, lateinische Grammatik – bereits im Mittelalter wurde dies an Domschulen gelehrt. In Hildesheim büffeln heute noch an historischer Stelle der Stadt die Schüler des Bischöflichen Gymnasiums Josephinum – nur sind heute einige Fächer hinzugekommen. Dass die katholische Schule 1.200 Jahre alt ist, davon ist der Schulleiter überzeugt. Denn mit der Gründung des Bistums im Jahr 815 durch Kaiser Ludwig dem Frommen wurden zeitgleich der Dom, die Schatzkammer und eine Schule gegründet. Damit wäre das Gymnasium Josephinum als Nachfolger der Domschule und weltweit die älteste bis heute existierende christliche Schule. Seit Jahrhunderten befindet sie sich am südlichen Domhof, direkt neben dem Mariendom. Bedeutende Schüler waren unter anderem der Hildesheimer Bischof Bernward (um 960–1022), der Kaiser des Heiligen Römischen Reiches Heinrich II. (973/978–1024), Bischof Benno von Meißen (um 1010–1106) und Barbarossas Reichskanzler Rainald von Dassel (gest. 1167). Auch in den letzten Jahrhunderten sind aus den Reihen der Josephiner viele Bischöfe hervorgegangen – auch Hildesheimer Bischöfe. Schon vor 1.100 Jahren reisten Domschüler nach Rom – diese Tradition wird fortgesetzt, sogar von der gesamten Schule: Die Gründung des Bistums vor 1.200 Jahren feiern die Josephiner mit einer Reise nach Rom. Ein bemerkenswerter Lehrer des 19. Jahrhunderts war Johannes Leunis, Naturforscher und Domvikar sowie Mitbegründer des Roemer-Museums. Seine naturkundliche Sammlung gilt als kleiner Schatz der Schule.

Bischöfliches Gymnasium Josephinum
Domhof 7
31134 Hildesheim
0512117950
www.josephinum-hildesheim.de

Seit Jahrhunderten befindet sie sich am südlichen Domhof, direkt neben dem Mariendom.

Ins wilde Wasser der Kanustrecke trauen sich schon die Jüngsten

Wildes Wasser künstlich erzeugt

Halsbrecherisch sieht es aus, wenn die Kanuten sich die wilden Fluten der Innerste hinabstürzen. Mit aller Kraft müssen sie ihre Kanus durch die schäumende Gischt des Wassers lenken. Wildwasserfahrten auf der vor sich hin dümpelnden Innerste? Ja, das ist möglich – auf der einzigen Kanusportanlage im Norden Deutschlands am Innerstewehr an der Bischofsmühle. 1982 entstand die Wassersport-Attraktion im natürlichen Flussbett der Innerste – dank mühevoller Überzeugungsarbeit der Kanu- und Segelgilde Hildesheim e.V. Sie sahen eine günstige Gelegenheit für den Bau dieser Sportanlage, als die nötige Sanierung des Innerstewehrs an der Bischofsmühle anstand. Zuschüsse u.a. vom Land Niedersachsen ermöglichten den Bau dieser Sportanlage, die Stadt musste nur noch die Strecke für

Kanusportanlage Bischofsmühle
Kanu- und Segel-Gilde Hildesheim e.V.
Lönsbruch 3
31134 Hildesheim
0512182444
www.ksgh.de

Hier werden die Disziplinen Slalom, Wildwasser und Kanu-Freestyle geübt.

den Kanusport ausrüsten. Kanu-Vereine aus Kiel, Hamburg und Bremen buchen die Strecke an den Wochenenden. Hier werden die Disziplinen Slalom, Wildwasser und Kanu-Freestyle geübt. Je nach Bedarf kann die Wassermenge geregelt werden – aber nur mit einigen Tagen Zeitvorlauf.

Dem Kanu-Schulsport steht die Strecke vormittags zur Verfügung, und Schüler können hier Punkte für das Sport-Abitur sammeln. Universitäten und Vereine nutzen sie am Abend. An den Wochenenden buchen Vereine aus ganz Niedersachsen die Anlage und der Kanu-Landes-Verband-Niedersachsen führt hier seine Basiskurse in Wildwasserfahrten durch. Höhepunkt sind die jährlich stattfindenden Slalom- und Wildwasserregatten für Schüler und Jugendliche.

■ Die Design-Studenten der HAWK tüfteln an ihren Rennflitzern

■ Ein handelsüblicher Akkubohrschrauber bringt die Fahrzeuge auf 35 km/h

Deutschlands schrägste Kult-Renner

„Papa, kann das Ding auch mein Kettcar antreiben?" Das Ding war ein Akkuschrauber und die Frage stellte 2002 der Sohn von Andreas Schulz mit weitreichenden Folgen. Denn das Thema beschäftigte den Professor für Produktdesign an der Fakultät Gestaltung der Hochschule für angewandte Wissenschaft und Kunst (HAWK) intensiv. Er setzte seine Studenten auf die Thematik an und sie designten und bauten ein Fahrzeug mit Akkuschrauber-Antrieb. Am 4. Juni 2003 startete das erste Akkuschrauberrennen in Hildesheim – dieser einzigartige Wettkampf in Deutschland war geboren. Zu diesem Zeitpunkt war es noch eine interne Veranstaltung der Hochschule. Jährlich wurde das Rennen wiederholt und bereits 2006 traten Design-Studenten verschiedener Hochschulen gegeneinander an.

www.akkuschrauber
rennen.de

Geschwindigkeit spielt bei den circa 35 km/h schnellen Fahrzeugen keine große Rolle.

Insgesamt ein Riesenspaß für alle Teilnehmer, trotz der monatelangen arbeitsintensiven Vorbereitungen auf den Wettkampf. Professor Schulz legt allerdings großen Wert darauf, dass das Rennen eine echte Lehrveranstaltung ist. Geschwindigkeit spielt bei den circa 35 km/h schnellen Fahrzeugen keine große Rolle. Vielmehr geht es darum, kreative Lösungen bei der Gestaltung der Fahrzeuge zu zeigen, die selbst entworfen und gebaut werden müssen. 2013 war das vorgeschriebene Baumaterial Papier. Jedes Jahr muss ein 70 Kilogramm schwerer Fahrer Platz finden, und der Antrieb muss ein handelsüblicher Akkubohrschrauber sein. In Hildesheim kommt der vom Hauptsponsor Bosch. Und auch im nächsten Jahr heißt es wieder: Mit 18 Volt von 0 auf 35 Stundenkilometer.

■ Das Gelände der Burg Steuerwald wird von einem Reiterverein genutzt

■ Die Magdalenenkapelle liegt versteckt auf dem ehemaligen Bischofssitz

Benehmen ist Glückssache

Er schnitt sich die Fingernägel bei Tisch, kratzte erst mit den Fingern, dann mit der Gabel auf seinem Kopf herum, spielte mit den Löffeln auf dem Tisch und durchstach die Servietten: Durch sein ungebührliches Benehmen fiel Zar Peter der Große bei einem kurzen Aufenthalt in der Burg Steuerwald auf. Der hohe Herr war am 27. Juli 1697 mit großem Gefolge auf einer Reise von Moskau in die Niederlande. Nur für wenige Stunden hielt er sich in der bischöflichen Burg auf. Der erst 25-jährige Zar wurde vom Fürstbischof Jobst Edmund von Brabeck im Palas der Burg Steuerwald bewirtet. An dem Empfang nahm Otto von Menke teil, der dänische Gesandte am Braunschweiger Hof. Er berichtete seinem König Christian V. von Dänemark vom merkwürdigen Benehmen des Zaren.

Gut Steuerwald
Mastbergstraße 19
31137 Hildesheim
Besichtigung der Kapelle:
05121 57669

Durch sein ungebührliches Benehmen fiel Zar Peter der Große bei einem kurzen Aufenthalt in der Burg Steuerwald auf.

Ihm fiel auf, dass der Zar den Kopf von einer Seite zur anderen warf – „als wäre er nicht recht bei Sinnen". Nach dem Mahl zog der Zar mit seinem Gefolge weiter Richtung Westen.
Von 1310 bis 1318 ließ Bischof Heinrich II. von Wohldenberg die Burg Steuerwald nördlich der Stadt bauen – als Schutz- und Trutzburg gegen die Bürger. Er brauchte einen Ort „zum Steuern der Gewalt". Mehrfach wurde er von bewaffneten Bürgern belagert – z. B. als die Hildesheimer die Sondersteuer auf Bier, die „Bierziese" nicht zahlen wollten. Die Burg Steuerwald war über 400 Jahre ständige Bischöfliche Residenz. Seit 1973 ist die Burganlage an einen Reitverein verpachtet. Nur die aus dem 14. Jahrhundert stammende St.-Magdalenen-Kapelle kann nach telefonischer Absprache besichtigt werden.

■ Soldat August Armbrecht entdeckte einen Schatz aus der Römerzeit

■ Im Stadtmuseum sind einige Teile des Silberfundes ausgestellt

Der Silberfinder

Am 17. Oktober 1868 änderte sich das Leben des erst 20-jährigen August Armbrecht schlagartig. Der Soldat des 3. Hannoverschen Infanterieregiments war damit beauftragt, einen Schießstand am westlichen Teil des Galgenbergs auszuheben. In über zwei Metern Tiefe stieß er dabei auf viele Teile schwarz angelaufenen Metalls. Er hielt es erst für altes Eisen. Dann erkannte er Teller, Kannen und Schalen – die Stücke wurden in Karren zur Kaserne geschafft und gereinigt. Dann war klar: Armbrecht war auf einen wahren Schatz gestoßen. Etwa 70 Teile eines gut erhaltenen römischen Ess- und Tafelgeschirrs aus dem 1. Jahrhundert nach Christus hatte er ans Tageslicht befördert. Armbrecht wurde für diesen Zufallsfund von Kaiser Wilhelm I. reich belohnt: Er bekam ein Anerkennungsschreiben und 10.000 Taler Finderlohn. Von dem Geld kaufte er sich in Himmelsthür, dem Heimatort seiner Ehefrau, einen Hof und richtete die Gaststätte „Zum Silberfund" ein. Er hatte zehn Kinder – sein ältester Sohn Georg übernahm die Gaststätte. Enkel Fritz (1910–1985) führte das Lokal fort. 1996 übernahm Karl-Heinz Hollemann, der Neffe der letzten Gastwirtin, das Wirtshaus. Sogar die Straße am Lokal wurde zu Ehren Armbrechts in Silberfinderstraße benannt. Mit 54 Kilogramm Gesamtgewicht gehört der Fund zu einem der größten und bedeutendsten antiken Silberfunden. Vier Wochen nach der Entdeckung kam der Schatz nach Berlin – er befindet sich heute in der Antikensammlung der Staatlichen Museen zu Berlin. Im Hildesheimer Stadtmuseum sind sehr gute Kopien zu sehen.

Restaurant „Zum Hildesheimer Silberfund"
Silberfinderstraße 14
31137 Hildesheim-Himmelsthür
05121 23711
www.zumsilber
fund.de

Er bekam ein Anerkennungsschreiben und 10.000 Taler Finderlohn.

■ Die Stiftung Universität Hildesheim ist auf Erfolgskurs

■ Das Campusfest ist eine Party für mehr als 6.000 Studierende

Erfolgsmodell Stiftung

2002 haben sie es gewagt – als erste deutsche Hochschule traf der Senat der Universität Hildesheim die Entscheidung für ein Stiftungsmodell. Unabhängig von einer staatlichen Steuerung wird hier autonom und eigenverantwortlich gehandelt. Professoren können nun innerhalb weniger Monate berufen werden – früher dauerte es Jahre. Auch darf die Stiftungsuni über ihre Gebäude frei entscheiden – diese Möglichkeit nutzt sie: Auf der Marienburger Höhe wird 2013 an einem neuen Uni-Gebäude gebaut. Bereits im Frühjahr 2013 entstand der Kulturcampus in der ehemaligen Bischofsburg Domäne Marienburg. Seitdem hat Hildesheim ein Burgtheater. Auf die Bildungs-, Kultur- sowie Informations- und Kommunikations-Wissenschaften hat die Stiftungsuni ihren Schwerpunkt gelegt. Von 4.000 Studierenden im Jahr 2002 ist die Zahl auf etwa 7.900 im Jahr 2016 gestiegen. Bereits seit 1978 existiert der kulturwissenschaftliche Bereich – als der Erste dieser Art in Deutschland. Und der Ruf ist gut: Heute kommen 70 Prozent der 1.100 angehenden Kulturwissenschaftler aus anderen Bundesländern. Professor am Institut für Literarisches Schreiben und Literaturwissenschaft ist der bekannte Schriftsteller Hanns-Josef Ortheil. Die starke Theorie- und Praxisverzahnung an der Stiftungsuni ist ein großer Vorteil auch für die 2.000 Lehramtsstudenten. Mit 250 Partnerschulen in und um Hildesheim wird zusammen gearbeitet – in allen Schulformen. Schon die Erstsemester gehen freitags in Hildesheimer Schulen und erfahren, wie sich der Alltag im Schulbetrieb anfühlt.

Stiftung Universität Hildesheim
Hauptgebäude
Marienburger Höhe
Marienburger Platz 22
31141 Hildesheim
05121 8830
www.uni-hildesheim.de

> Unabhängig von einer staatlichen Steuerung wird hier autonom und eigenverantwortlich gehandelt.

Hier spielt die Musik

In die Welt der Musik gelangt man in Hildesheim auf einem ehemaligen Militärgelände. Seit dem 1. Dezember 2005 ist die alte Waterlookaserne Sitz der Hildesheimer Musikschule e. V. Raue Kasernenhofkommandos sind wohlklingenden Tönen gewichen. Mit 35 Unterrichtsräumen, einigen kleinen und einem großen Konzertsaal, verschiedenen Bandräumen und einer überdachten Außenbühne ist das Haus etwas Besonderes. Mehr als 3.000 Schülerinnen und Schüler werden hier jährlich musikalisch gebildet – von kleinen Kindern bis zu Senioren. Der Ensemblebereich der Musikschule ist vielfältig. Er reicht vom Duo bis zum Chor, von der kleinen Band bis zum großen Orchester, von der Jungen Philharmonie bis zum sinfonischen Blasorchester. Die Musikschule bringt im Auftrag des Landes Niedersachsen

Musikschule Hildesheim
Waterloostraße 24 a
31135 Hildesheim
05121 2067790
www.musikschule-hildesheim.de

Raue Kasernenhofkommandos sind wohlklingenden Tönen gewichen.

das Programm „Wir machen Musik" in die Schulen. Sie ist Partner einer großen Zahl von Kindergärten, Schulen und Universitäten und verantwortet zahlreiche musikalische Projekte in der Stadt. Schon fast legendär ist die einmal jährlich stattfindende Musikschulwoche. Hier wird nicht nur die erfolgreiche Arbeit mit Kindern und Erwachsenen vorgestellt – alle haben die Gelegenheit unter Anleitung von Musikschullehrern verschiedenste Instrumente auszuprobieren. Immer wieder belegen Schülerinnen und Schüler der Musikschule beim Wettbewerb „Jugend musiziert" auf Landesebene erste Plätze. Das spricht für die Qualität der Ausbildung. Regelmäßig finden hier Konzerte aller möglichen Stilrichtungen von Schülern, Lehrern und Gästen der Musikschule statt.

■ Bühne frei für Walkacts, Performances und Theater bei den Wallungen

■ Überall auf und an den Wallanlagen ziehen Konzerte die Besucher an

Menschen in Wallungen

So hatte ich die Stadt noch nie erlebt: Beim Flanieren auf den Wallanlagen wurde ich umspielt und besungen. Alle Hildesheimer erlebten ein kulturelles Großangebot. Die Stadt in einer so gelösten Atmosphäre zu sehen war 2009 zum ersten Mal bei den „Hildesheimer Wallungen" möglich. Die Kulturschaffenden der Region zeigten ein breites Spektrum ihrer Kreativität und überraschten damit rund 10.000 Besucher: In der Nacht der Kulturen am Sonnabend wiesen verschiedene Lichtinstallationen den Weg zu den Bühnen, immer wieder unterbrochen von Musik, Kunst, Performances und Straßentheater. Die Hildesheimer waren erstaunt und elektrisiert: Endlich ein internationales Kunstfestival – und ein Fest weit jenseits des sonst üblichen Bratwurst-Geruchs. Auch die Kirchen machten mit – ein kluger Schachzug der Veranstalter, der Interessengemeinschaft Kultur – IQ, dem Netzwerk der Kulturschaffenden in der Stadt. Damit holten sie auch die Hildesheimer vom Sofa, die sonst den „Wallungen" ferngeblieben wären. Und der Sonntag ist reserviert für das Bürger-und Familienfest im Ernst-Ehrlicher-Park: Bastel- und Kletteraktionen finden neben Theater und Musik statt. Genau diese Art von Kulturfestival schien der Stadt gefehlt zu haben. Im zweijährigen Rhythmus finden die Wallungen statt, mit nationalen und internationalen Künstlern. 2015 traten an drei Tagen 80 Künstlergruppen auf zehn Bühnen auf. Sie lockten damit rund 10.000 Flaneure auf die Wallanlagen und in den Ernst-Ehrlicher-Park, in die Altstadt und in die Kirchen zum großartigen Open-Air-Spektakel.

Langelinienwall und Kehrwiederwall
31134 Hildesheim
www.iq-hildesheim.de

> Endlich ein internationales Kunstfestival – und ein Fest weit jenseits des sonst üblichen Bratwurst-Geruchs.

Vom Gelben Turm ins Universum

Dass der Blick von einem Aussichtsturm ein ganz besonderer ist, liegt in der Natur der Sache. Vom Gelben Turm auf dem Spitzhut mitten im Wald des Galgenbergs ist die Aussicht besonders weit – bis tief ins Universum. Hier ist seit Frühjahr 1999 die Volkssternwarte untergebracht mit einem der größten Spiegelteleskope in Niedersachsen. Eine Menge Sterne können natürlich auch ohne Teleskop am Himmel entdeckt werden. Hier sind jedoch Himmelskörper sichtbar, deren Licht zehntausendmal schwächer ist als das der Sterne, die wir mit bloßem Auge sehen können. Möglich ist diese Aussicht nur durch den Einsatz einiger engagierter Bürger: 1996 gründeten sie den „Verein zur Rettung des Gelben Turms". Der 1886 aus gelbem Backstein gebaute Aussichtsturm sollte abgerissen werden,

Volkssternwarte Gelber Turm
Hildesheimer Gesellschaft für Astronomie e. V.
Lützowstraße 5
31141 Hildesheim
Anmeldungen von Führungen bei der Volkshochschule:
05121 9361977
www.higa-ev.de

Ein Denkmal auf einem Denkmal – weltweit einmalig.

weil die Stadt kein Geld in die Sanierung investieren wollte. Die Bürger spendeten, und der ehemalige Aussichtsturm wurde gerettet. Auf den Turm kam eine etwa 100 Jahre alte Metallkonstruktion und die Kuppel einer alten Sternwarte – ein Geschenk vom Astrophysikalischen Institut in Potsdam. Ein Denkmal auf einem Denkmal – weltweit einmalig. Die 2011 gegründete „Hildesheimer Gesellschaft für Astronomie" (HiGA) kümmert sich um die Förderung der Astronomie, bietet Führungen und Ausbildungen an. 3.000 Besucher kommen jedes Jahr zu Veranstaltungen – geworben wird dafür kaum. Maximal 30 Personen haben in der Kuppel Platz. Sollte der Himmel bedeckt sein, wird die alte Montierung der Kuppel erklärt bzw. ein Planetariums-Programm in die Kuppel projiziert.

■ Olympiacamp-Initiatorin Claudia Leyder ist immer mittendrin

■ Am Ende der Olympiacamp-Woche ziehen die Kinder ins Stadion ein

Nachwuchs für den olympischen Geist

Wenn ich morgens um vier Uhr den ehemaligen Kanzleramts-minister Eckhard von Klaeden verschlafen in einer Schlange stehen sehe, dann ist klar: Er möchte seine Kinder beim Hildes-heimer Olympiacamp anmelden. Einzigartig in Deutschland ist die Idee von Claudia Leyder: Eine Woche lang wird Kindern und Jugendlichen der olympische Gedanke näher gebracht. Sie sollen sich bewegen und Gemeinschaft und Teamgeist erfahren. Inzwischen können die Kinder im Alter von sechs bis 15 Jahren unter 21 Sportarten wählen: Olympische Disziplinen wie Schwimmen und Fechten, aber auch Inlineskaten und Cheer-leading gehören dazu. Die Jüngsten (5–6 Jahre) dürfen ins MiniCamp. Die Warteliste ist lang – obwohl jedes Jahr 600 Kinder ins Camp kommen dürfen. Immer in der vorletzten Woche der Sommerferien geht es wieder los – von 9 bis 17 Uhr jede Menge Sport, inklusive Frühstück und Mittagessen. 250 Helfer und Trainer aus 22 Vereinen unterstützen Claudia Leyder bei der logistischen Höchstleistung der Organisation und Durch-führung des Camps. Seit ihrer Teilnahme an den Olympischen Spielen als Physiotherapeutin (1996 in Atlanta) war sie vom olympischen Geist fasziniert. In Hildesheim zurück gründete sie einen Verein, um Leistungssportler zu unterstützen. Doch niemand interessierte sich dafür. Dann kam ihr die Idee mit dem Camp für Kinder und damit der Erfolg. Vielfach wurde sie für ihr Engagement ausgezeichnet. Doch was sie jedes Jahr wieder antreibt, sind die glücklichen Gesichter der Kinder nach einer sehr sportlichen Woche.

Geschäftsstelle "Olympia 2004 e. V."
Zingel 34
31134 Hildesheim
0176 531 844 49
www.olympia-camp.de

Eine Woche lang wird Kindern und Jugendlichen der olympische Gedanke näher gebracht.

■ Vollbesetzte Kirche zur Marktzeit beim Konzert der Schola Gregoriana

■ Vom Neustädter Markt geht es zur Musik zur Marktzeit in St. Lamberti

Obst, Gemüse und Musik

Die Frühaufsteher haben ihre Einkäufe auf dem Neustädter Markt schon erledigt – bepackt mit Obst- und Gemüsekörben gehen sie pünktlich um 10 Uhr in die St.-Lamberti-Kirche. Denn hier in der Hildesheimer Neustadt spielt die Musik zur Marktzeit. Bereits seit 1982 hören sie jeden Sonnabend ein kostenloses halbstündiges Musikprogramm. Am Anfang setzte sich die damalige Kantorin Sabine Koch an die Orgel, spielte vor nur wenigen Zuhörern. Das änderte sich schnell. Mittlerweile sind regelmäßig bis zu 150 Zuhörer in der Kirche, viele davon gehören zum Stammpublikum. Die Musik zur Marktzeit ist auch Teil einer Stadtführung, die um 9.30 Uhr auf dem historischen Marktplatz in der Altstadt beginnt. Das Programm ist bunt und abwechslungsreich. Willkommen sind Profi- und Laienmusiker – egal welches Instrument sie spielen. Vom Bläserkreis bis zum Orchester, vom Gesangsduo bis zu großen Chören kann sich jeder um einen Auftrittstermin bewerben, denn die Nachfrage ist groß. Nur zu den Jubiläumskonzerten – jeweils im September – steht fest, dass die Kantorei der St.-Lamberti-Kirche musiziert. Die Musik zur Marktzeit ist eine Zeit zum Genießen. Außerdem haben die Zuhörer die Möglichkeit, in Ruhe den Einkaufszettel zu kontrollieren, ob sie nicht irgendetwas vergessen haben. Genügend Zeit, um zu den Marktständen auf den Neustädter Markt zurückzugehen, bleibt: Die Händler sind samstags immer bis 13 Uhr da. Für den St.-Lamberti-Pastor Jürgen Loest gehört die Musik zur Marktzeit zum menschlichen Gesicht Hildesheims.

Die Musik zur Marktzeit ist eine Zeit zum Genießen.

St.-Lamberti-Kirche
Neustädter Markt
31134 Hildesheim
0521 14051
www.st.-lamberti-hildesheim.de

Annelore Ressel führt das K.Bert mit klaren Regeln und viel Liebe

Gesittet speisen im K.Bert

Jacke ordentlich aufhängen, Hände waschen, warten, bis alle am Tisch sitzen, und erst dann wird gegessen. Wenn die Kinder dann noch das Besteck richtig einsetzen, ist Annelore Ressel zufrieden. Unermüdlich ist die Vorsitzende der Hildesheimer Tafel e.V. dabei, sich für ihr Projekt K.bert einzusetzen. Der Name leitet sich aus der Anschrift in der Kardinal-Bertram-Straße ab. Bei der Eröffnung 2007 war das durch Spenden finanzierte soziale Projekt eines Kinder- und Jugendrestaurants das einzige Lokal seiner Art in Deutschland. Die Idee war, Kindern und Jugendlichen aus sozial schwächeren Familien ein gutes Essen im schicken Ambiente zu fairen Preisen zu bieten. Tatsächlich könnte man es für ein Szene-Bistro halten. Seit 2016 trägt das K.bert den Namenszusatz „Das besondere Restaurant – generationsübergreifend, sozial, lecker". Das K.bert möchte Alt und Jung zusammenbringen. Senioren soll so die Möglichkeit gegeben werden, nicht einsam, sondern in geselliger Runde zu essen. Unabhängig von sozialem Status oder Herkunft steht das K.bert allen offen. So sollen soziale Grenzen verschwinden und ein respektvoller Umgang gepflegt werden. Deshalb gehören zum Konzept zwei Preisstufen: der „Helfen-und-Genießen"- und der „Genießer"-Preis. Eine Ofenkartoffel kostet entweder 5,50 Euro oder 3,50 Euro. Die gute Qualität des Essens hat sich herumgesprochen – mehrere Schulmensen und Horte werden mittags beliefert. Damit das K.bert auch in Zukunft zwei Köche, zwei Auszubildende und drei Küchenhilfen beschäftigen kann, ist es auf Spenden angewiesen.

Das K.bert möchte Alt und Jung zusammenbringen.

K.Bert
Kardinal-Bertram Straße 9
31134 Hildesheim
05121 9990149
www.kbert.de

Moderner Bau der Hochschule für angewandte Wissenschaft und Kunst

Studieren und probieren

Klein, aber fein – das ist die HAWK, die Hochschule für angewandte Wissenschaft und Kunst Hildesheim/Holzminden/ Göttingen. Am HAWK Standort Hildesheim studieren knapp 3.100 Studenten – aufgeteilt auf die Fakultäten Bauen und Erhalten, Gestaltung und Soziale Arbeit und Gesundheit. Theorie und Praxis werden hier eng miteinander verknüpft. Deshalb ist die HAWK nicht nur beim Akkuschrauberrennen für die Hildesheimer Bürger hautnah zu erleben. Bei unterschiedlichsten Veranstaltungen und Projekten in der Stadt zeigen die Studenten und Studentinnen ihr Können. So präsentierten sich die Restauratoren der Fakultät Bauen und Erhalten beim UNESCO-Welterbetag in St. Michaelis einem breiten Publikum und zeigten ihr Können. Denn oft sind nur die Ergebnisse ihrer Bemühungen an Kunstgegenständen zu sehen – sie selber jedoch nicht. Beim Welterbetag zeigten die Restauratoren u. a., wie Farben für die mittelalterliche Buchmalerei hergestellt wurden: Pigmente im Mörser zerreiben und mit Eiklar, einem historischen Bindemittel, mischen. Wenn die Studierenden der Sozialen Arbeit mit dem Theater für Niedersachsen (TfN) kooperieren und ein Hauptschul-Theaterprojekt starten, dann gibt es genügend Stoff, um soziale Arbeit in Theorie und Praxis zu verbinden. Auch legen die Studenten Hand an, wenn die Lesekultur in einem Stadtteil gefördert werden soll: Dann bauen sie einfach einen Bücherschrank. Von dem engen Praxisbezug der HAWK haben alle etwas: Die Studenten können sich ausprobieren, die Hildesheimer lernen Neues kennen.

Theorie und Praxis werden hier eng miteinander verknüpft.

HAWK Hildesheim/ Holzminden/ Göttingen

Hohnsen 2
31134 Hildesheim
05121 881-0
www.hawk-hhg.de

■ Die Gage für die Künstler wird beim Pflasterzauber im Hut gesammelt

■ Waghalsige Akrobatik auf dem Marktplatz wird zum Publikumsmagnet

Magische Momente

Wenn Lachen aus Hunderten Kehlen zu hören ist, ein Begeisterungssturm über den Marktplatz fegt und Flammen durch den Nachthimmel wirbeln, dann, ja dann ist wieder Pflasterzauber in der Stadt. Seit 2009 lockt das Internationale Straßenmusik- und Straßenkunstfestival vor allem die Hildesheimer Familien ins Stadtzentrum. Gassen, Plätze und Hinterhöfe rund um den Historischen Markt verwandeln sich im August zu Freilichtbühnen. Über zehn Auftrittsorte gibt es jedes Jahr – und das Publikum stellt sich sein Programm selbst zusammen. Es zieht von Ort zu Ort, so wie die etwa 80 Künstler auch. Und wenn das Spektakel dann losgeht, ist eins klar: Die Kinder kommen ganz nach vorn und setzen sich meist aufs Pflaster. Mit großen Augen und oft weit aufgerissenen Mündern verfolgen sie aufmerksam die Akrobaten, Jongleure, Clowns, Zauberer und Musiker. Die Künstler, die es schaffen, ihr junges, kritisches und anspruchsvolles Publikum zu begeistern, merken dies sofort: an den klingenden Münzen in ihren Hüten. Obwohl manche Akteure sehr charmant um Papiergeld bitten – allein des Gewichts wegen. Beim Pflasterzauber gilt das Motto: Wem es gefällt, wirft in den Hut sein Geld. Wie bei anderen Straßenfestivals üblich, bekommen die Künstler zwar ihre Unkosten bezahlt, eine Gage erhalten sie nicht. Höhepunkt am letzten Abend ist das große Abschlussfest mit allen Künstlern auf dem Marktplatz mit einem „Best of". Ich bedaure jedes Jahr, dass das Fest so schnell vorbei ist. Was bleibt, ist die Vorfreude aufs nächste Jahr.

Marktplatz
Rathausstraße
31134 Hildesheim
www.pflaster
zauber.de

> Gassen, Plätze und Hinterhöfe rund um den Historischen Markt verwandeln sich im August zu Freilichtbühnen.

Qualität made in Hildesheim: Alle Aluminiumtore werden hier geschweißt

Zeigt Profil: Helmuth Löhr ist der Mann für Sportgeräte aus Aluminium

Hildesheimer Torfabrik

Der Unternehmer Helmuth Löhr war bei vielen Fußball-Europameisterschaften dabei – zumindest mit seinen Produkten. Lange bevor die Spiele angepfiffen wurden, baute er seine Aluminium-Fußballtore in den Stadien auf. Bei den Europameisterschaften 1988 in Deutschland, 2000 in Holland-Belgien, 2004 in Portugal, 2008 in Österreich-Schweiz und auch 2012 in Polen/Ukraine schossen die Teams auf Hildesheimer Tore mit den exakten Maßen 7,32 Meter Länge, 2,44 Meter Höhe und zwei Meter Tiefe. Auch bei der Weltmeisterschaft 2006 in Deutschland standen in allen acht Stadien Tore und Spielerkabinen aus Hildesheimer Produktion. Auf die hervorragende Qualität seiner Produkte legt Helmuth Löhr großen Wert – deshalb kommt es für ihn nicht infrage, im Ausland produzieren zu lassen. Selbst zum Aufbau der Aluminium-Kästen schickt er seine eigenen Monteure auf Reisen. Seine Kunden schätzen ihn dafür und auch seine langlebigen Qualitätsprodukte. Noch vor zehn Jahren produzierte er mit zwölf Mitarbeitern, mittlerweile hat er 70 Angestellte und musste seine Produktionshallen erweitern. Jeden Tag verlassen 50 Tore verschiedener Größen das Unternehmen am Hildesheimer Flughafen. Fußballtore sind jedoch nur ein kleiner Teil seiner Produktionspalette. Denn alles, was im Sport im Außenbereich aus Aluminium benötigt wird, stellt Helmuth Löhr her – von der Basketballanlage bis zur Abdeckung von Hochsprung-Anlagen. Die Sportgeräte 2000 GmbH ist damit Europas größter Hersteller von Sportgeräten aus Aluminium.

Sportgeräte 2000 GmbH
Schinkelstraße 1
31137 Hildesheim
0512178140
www.helo-sports.de

> Bei der Weltmeisterschaft 2006 in Deutschland standen in allen acht Stadien Tore und Spielerkabinen aus Hildesheimer Produktion.

■ In dem Gehege hoppeln die Kaninchen über ihr Welterbeband

■ Der Gestank im Gehege gehört beim Beobachten der Frischlinge dazu

Tierisch was los

Tiere ziehen Kinder magisch an – beobachten kann man dies im Hildesheimer Wildgatter. Gern verbringen Familien ihre Wochenenden auf dem Steinberg in Ochtersum. Bei sonnigem Wetter sind dann gut und gern 6.000 Besucher auf dem 60.000 m² großen Areal. Bereits seit 1968 ist das Wildgatter Ausflugsziel. In Volieren, Käfigen und Gehegen auf den weitläufigen Waldwiesen leben über 350 Tiere, die täglich und kostenlos besucht werden können. 2009 drohte die Schließung des Wildgatters. Siebzehn Hildesheimer Bürger gründeten daraufhin den Förderverein Wildgatter Hildesheim e.V. Mittlerweile hat der Verein über 400 Unterstützer (Mitglieder und Paten). Für 30 Euro kann man z.B. eine Meerschweinchen- und Kaninchengehege-Patenschaft übernehmen. Für Ziegen kostet es 100 Euro. Seit 2013 trägt der Förderverein mittlerweile die gesamten Tierpflege- und Futterkosten und entlastet so den Haushalt der Stadt Hildesheim. Zum Jubiläumsjahr 2015 bekam der Oberbürgermeister

Wildgatter
Steinberg 6
31139 Hildesheim
www.wildgatter-hildesheim.de

Seit 1968 ist das Wildgatter Ausflugsziel der Hildesheimer.

vom Förderverein ein besonderes Geschenk: das Welterbeband für Kaninchen! Es wurde maßstabsgetreu dem Welterbeband in der Innenstadt nachgebaut. Füttern darf man die gesamten Bewohner im Wildgatter nur noch mit dem Futter aus den aufgestellten Automaten am Ziegen- bzw. Wildschweingehege. Seit Dezember 2016 bietet der Förderverein durch ausgebildete Scouts kostenlose wildgatterspezifische Führungen für Kindergärten- und Grundschulgruppen an. Termine für Führungen für private Feiern etc. können kostenpflichtig unter kassenwart-wildgatter@gmx.de vereinbart werden.

Joergen Sieberns röstet Kaffee im Umgestülpten Zuckerhut

Guter Kaffee ist ihre Leidenschaft: Raphaela und Michael Schuler

Leidenschaftliche Kaffeekultur

Wenn der Duft von frisch geröstetem Kaffee über den Marktplatz zieht, dann wissen die Hildesheimer genau: Im Umgestülpten Zuckerhut, dem kleinen Fachwerkhaus am Andreasplatz, ist Röster Joergen Sieberns aktiv. In der Kaffeerösterei, Kaffeebar und Schokomanufaktur „Das kleine Röstwerk" werden bis zu dreimal wöchentlich sehr schonend Bohnen aus Südamerika, Afrika und Indien geröstet. Im Café nebenan kann man bis zu acht verschiedene Mischungen probieren. Die Kaffee-Kreationen von Raphaela und Michael Schuler kann man in ihrer Rösterei in der Osterstraße genießen und kaufen. Ihre Leidenschaft für guten Kaffee hat das Paar sogar zusammengebracht. Raphaela war Barista, Michael ihr Gast. Beide bildeten sich in Schulungen, Tagungen und Seminaren weiter. Als reines Hobby haben sie erst Bohnen für sich und Freunde geröstet. Seit September 2016 haben sie sich ihren Traum von der eigenen Rösterei mit Ausschank in der Osterstraße erfüllt. In einem langsamen und schonenden Trommelröstverfahren werden bei ihren Bohnen die magenunfreundlichen Chlorogensäuren abgebaut.

www.daskleineröstwerk.de
www.schuler.coffee
www.baderscoffee.de

Ihre Leidenschaft für guten Kaffee hat das Paar sogar zusammengebracht.

Seit 2012 dreht sich auch bei Florian Bader alles um guten handwerklich gerösteten Kaffee. Ihre Arabica- und Robusta-Bohnen werden in Franken geröstet, verkauft wird in Hildesheim und Umgebung. Mit seinen zu mobilen Kaffeebars umgebauten dreirädrigen Ape-Kleintransportern bringt er italienisches Flair auf Veranstaltungen und Events. In seinem Laden in der Osterstraße verkauft er nicht nur seinen Premium-Kaffee, sondern auch die dazugehörigen Kaffeemaschinen.

Der Hüter der Orchideen-Schätze

Voller Spannung und freudiger Erwartung betritt Thilo Hennis manchmal seine Gewächshäuser: immer dann, wenn eine seiner Orchideen-Raritäten kurz vor der Blüte steht. „Es fühlt sich fast wie die Geburt eines Kindes an", sagt der Orchideen-Gärtner aus Leidenschaft. Bereits in vierter Generation führt er heute die deutschlandweit erste Orchideengärtnerei – das Familienunternehmen existiert seit über 120 Jahren. Weltweit gibt es nur noch drei auf Orchideen spezialisierte Gärtnereien in Familienhand. 1891 hatte sich sein Urgroßvater, der gelernte Stiefmütterchengärtner Wilhelm Hennis, in Hildesheim niedergelassen, eine Familie und die Gärtnerei gegründet. Im Auftrag eines englischen Orchideen-Gärtners war der sprachbegabte Wilhelm Hennis bereits im Jahr 1876 in den südamerikanischen Urwald von Kolumbien aufgebrochen. Unter enormen Strapazen durchstreifte der damals 20-Jährige monatelang den Dschungel, um neue Pflanzenschätze zu entdecken.

Hennis Orchideen
Große Venedig 4
31134 Hildesheim
05121 35677
www.hennis-orchideen.de

1879 reiste Hennis als Orchideen-Jäger in die Urwälder Indiens.

Nach wochenlangen Schiffsreisen kamen die Pflanzen dann in Europa an. 1879 reiste Hennis als Orchideen-Jäger in die Urwälder Indiens. Er fand damals noch unbekannte Orchideen, die nach ihm benannt wurden.
In Hildesheim wird die als Königin der Blumen bezeichnete Pflanze seit Jahrzehnten in drei Gewächshäusern kultiviert, gekreuzt und vermehrt. Das Wissen darum wird von Generation zu Generation weitergegeben. Über 800 Arten und Kreuzungen hat Thilo Hennis in seiner Gärtnerei und ist damit Anlaufstelle für Orchideenliebhaber – nicht nur aus Deutschland.

■ Feldbahn-Lokführer aus Leidenschaft: Werner, Moritz und Andreas Voß

■ Einsteigen und abfahren: Viermal im Jahr öffnet das Feldbahnmuseum

Museum auf schmaler Spur

Mit Begeisterung und viel Liebe drehen sie an kleinen Zahnrädern, manchmal auch an großen. Als Uhrmachermeister haben Werner und Andreas Voss es eher mit den kleinen Laufwerken zu tun. Bei ihrem gemeinsamen Hobby sind die Räder größer: Sie sammeln Feldbahnen und besitzen eine der größten privaten Sammlungen in Deutschland. Viermal im Jahr ist Fahrtag – dann darf jeder in das private Industriemuseum auf dem 4.000 Quadratmeter großen Gelände am Kennedydamm. 29 Lokomotiven und 90 Wagen haben sie seit 1983 gesammelt. Die ersten sechs Feldbahn-Lokomotiven stammen aus der Ziegelei in Algermissen. Werner Voss rettete sie vor der Verschrottung. Der Grundstock für das Museum war damit gelegt – und es wurden immer mehr. Die Feldbahnen sind für Vater und Sohn Voss ein Stück Regionalgeschichte: In Ziegeleien, Tongruben, Steinbrüchen und Zuckerrübenfabriken im Landkreis Hildesheim setzte man die schmalen Bahnen ein. Sie wurden beansprucht, und das soll man ihnen ansehen. Vom Rittergut Oedelum stammt ein Rübenwagen, der so aussieht wie bei seiner letzten Fahrt 1948. Von dort kommt auch ein wohl einmaliger landwirtschaftlicher „Bereisungswagen": Die Herrschaften konnten auf Schienen ihre Felder besichtigen, der Wagen wurde von einem Pferd gezogen. Auch die älteste in Niedersachsen gebaute und erhaltene Feldbahnlokomotive aus dem Jahr 1927 der Firma Diema aus Diepholz steht bei ihnen. Ein besonderes Museum, das Vater und Sohn ganz ohne öffentliche Mittel aufgebaut haben – zu Recht sind sie stolz darauf.

Feldbahnmuseum Hildesheim
Kennedydamm
31135 Hildesheim
05121 38708
www.feldbahnmuse
um-hildesheim.de

> Die Feldbahnen sind für Vater und Sohn Voss ein Stück Regionalgeschichte.

■ Rolf Irle sammelt alles, was gezielt einen Ton abgeben kann

■ Trommeln, Flöten, Trompeten gehören zur Musikinstrumente-Sammlung

Weltmusik zum Ausprobieren

Genau den richtigen Platz für die Musikinstrumente-Sammlung hat Rolf Irle gefunden: die entwidmete St.-Timotheus-Kir-
che auf der Marienburger Höhe. Denn etwa 80 Prozent der
Irle-Sammlung sind Sakralinstrumente. Über 50 Jahre hat der
pensionierte Lehrer mit Leidenschaft Instrumente aus dem
außereuropäischen Raum gesammelt – 3.000 Stück kamen
dabei zusammen. Damit gilt sie als die größte europäische
Sammlung ihrer Art. In seinem Reihenhaus in Garbsen gab es
nur einen Ort, an dem keine Instrumente hingen: die Toilette.
Im Jahr 2009 übergab Rolf Irle seine Stücke der Hildesheimer
Stiftungsuni. Rund 1.450 Instrumente werden im Center for
World Music gezeigt. Das größte In-
strument ist eine 4,85 Meter große
Trompete, die wie ein Teleskopstock
zusammengeschoben werden kann.

Rund 1.450 Instrumente werden im Center for World Music gezeigt.

Rasseln, Flöten, Hörner hat er aus Afrika, Asien und Südamerika
zusammengetragen. Er hat alles gesammelt, was gezielt einen
Ton abgeben kann – denn das sind bereits Musikinstrumente.
Zu den Glanzstücken seiner Sammlung gehören Schädeltrom-
meln und Knochentrompeten aus Tibet. Seines Wissens hat er
das einzige vollständige Instrumentarium der tibetisch-bud-
dhistischen Klöster- und Wandermönche in Deutschland.
Jeden ersten Sonntag im Monat steht die Tür für Besucher offen.
Von 11 bis 16 Uhr führt Rolf Irle selbst durch seine Sammlung.
Im Übrigen sind hier Anfassen und Ausprobieren ausdrücklich
erwünscht – Kinder herzlich willkommen.

Center for World Music
Timotheusplatz 2
31141 Hildesheim
Führungen: Rolf Irle
05131 7833
www.center-for-world-music.de

Die Wege auf den Wällen führen um die Innenstadt herum

Die Runde um den Hohnsensee ist bei Joggern und Spaziergängern beliebt

Die grünen Lungen der Stadt

Früher sollten sie die Feinde abhalten – heute locken sie die Bevölkerung an: die Wallanlagen der alten Stadtbefestigung. Ein Teil der im 15. Jahrhundert errichteten Wälle wurde im 19. Jahrhundert abgetragen und die Gräben davor zugeschüttet – die wachsende Stadt brauchte Platz. Heute existieren noch der Kehrwiederwall, Langelinienwall und der Hagentorwall. Sie umschließen etwa zwei Drittel des Stadtkerns und sind ein Teil der grünen Lunge mitten in der Stadt. Den Erholungswert der grünen Wälle erkannte man in Hildesheim bereits gegen Ende des 19. Jahrhunderts. 1878 wurde ein „Verschönerungsverein" gegründet, dem wohlhabende Bürger und Gärtner der Stadt angehörten. Sie beschlossen die Umgestaltung der Wallanlagen, pflanzten Linden, stellten Bänke auf und legten ein breites Wegenetz an. Auf die planierte Fläche der ehemaligen Wallanlage im Osten der Stadt, wurde 1885 eine Allee aus Platanen gepflanzt. An der Sedanallee entstand ein begehrtes Wohngebiet. Heute profitieren die Hildesheimer von den Verschönerungen im 19. Jahrhundert: Die Wege an den Wallanlagen verbinden den Ernst-Ehrlicher-Park mit dem Naherholungsgebiet Hohnsensee. Der 500 Meter lange und 250 Meter breite Badesee entstand aus einem Kiesabbaugebiet in den Jahren 1966 bis 1974. Radfahrer können auf den Schotterwegen der Wälle einen großen Teil der Innenstadt umrunden – mit wenig Autoverkehr. An den Wochenenden unter den Linden auf den Wallanlagen zu promenieren war früher ein erholsames Vergnügen – daran hat sich bis heute nichts geändert.

Den Erholungswert der grünen Wälle erkannte man in Hildesheim bereits gegen Ende des 19. Jahrhunderts.

Hohnsensee
Hohnsen
31134 Hildesheim

www.hildesheim.de

Höhepunkt der romantischen Nacht ist das Konzert auf dem Marktplatz

Ein bewegender Abend

Das Konzept des Kantors der St.-Andreas-Kirche, Bernhard Roemer, für die Romantische Nacht ist in Hildesheim legendär: Die Konzertbesucher wählen zwischen vier verschiedenen Auftrittsorten und stellen sich so ihr Programm nach ihrem persönlichen Musikgeschmack selbst zusammen. Fest steht das einstündige Eröffnungskonzert in der St.-Andreas-Kirche. Danach können zwei halbstündige Konzerte besucht werden, zu denen der Besucher flanieren muss. Vier Auftrittsorte werden angeboten: Entweder verfolgt er das weitere Programm in St. Andreas, geht zur Heilig-Kreuz-Kirche, ins Tempelhaus oder in die Rathaushalle. Auf dem Weg zu den Konzerten werden kulinarische Genüsse gereicht. Am Ende des Abends, gegen 23.30 Uhr, treffen alle Besucher zum großen, einstündigen Open-Air-Abschlusskonzert auf dem historischen Marktplatz wieder zusammen. In violettes Licht getauchte Häuserfassaden unterstreichen die romantische Stimmung des Abends. Die Gäste der Marktplatzlokale dürfen sich über ein kostenloses Konzert freuen.
Die Idee, von einem Auftrittsort zum anderen zu flanieren und dabei auch Essen serviert zu bekommen, hatte der St.-Andreas-Kantor bereits 1997 zum ersten Mal erfolgreich umgesetzt. Im zweijährigen Rhythmus organisiert Bernhard Römer diese Musiknacht, und circa 700 Gäste kommen. Er übernimmt die künstlerische Gesamtleitung, dirigiert sowohl das Eröffnungs- als auch das Abschlusskonzert. Für das Jubiläumsjahr 2015 ist eine Zusammenfassung der schönsten Konzerte der letzten Jahre geplant.

St. Andreas
Andreasplatz 6
31134 Hildesheim
www.romantische-nacht.de

In violettes Licht getauchte Häuserfassaden unterstreichen die romantische Stimmung des Abends.

■ Beste Schule Deutschlands im Jahr 2007: die Robert-Bosch-Gesamtschule

■ Wirbt am Steuer des Traktors für die RBG: Rektor Wilfried Kretschmer

Den guten Ruf hart erarbeitet

Noch immer ist man in der Robert-Bosch-Gesamtschule (RBG) stolz auf das, was in den letzten Jahren erreicht wurde: der Schule einen sehr guten Ruf zu verschaffen. Gekrönt wurden die Bemühungen von Lehrern, Eltern und Schülern im Jahr 2007: Die Robert-Bosch-Gesamtschule wurde als beste Schule Deutschlands ausgezeichnet und war Hauptpreisträger beim Wettbewerb „Der deutsche Schulpreis". Der Weg dorthin war hart. 1971 in der Hildesheimer Nordstadt gegründet, hatte die neue Schulform der integrierten Gesamtschule mit gymnasialer Oberstufe Erfolg. Dann sank das allgemeine Interesse – und das Ansehen auch. Die Neuanmeldungen von Schülern blieben aus. 1989 kamen nur noch 93 neue Schüler. Das Lehrerkollegium wollte das ändern und suchte Ideen und Lösungen.

Robert-Bosch-Gesamtschule
Richthofenstraße 37
31137 Hildesheim
05121 3018600
www.robert-bosch-gesamtschule.de

Die Robert-Bosch-Gesamtschule wurde als beste Schule Deutschlands ausgezeichnet.

Lernwerkstätten und Lerncenter, Wochenpläne und Freiarbeiten wurden u. a. eingeführt. Positiv fiel die RBG bereits im Jahr 2000 auf. Bei der Weltausstellung EXPO 2000 in Hannover durfte die RBG als Modellschule das deutsche Bildungswesen repräsentieren. Dabei hatte sich die Gesamtschule gegen die Konkurrenz aller anderen weiterführenden Schulen im Raum Hildesheim durchgesetzt. 2007 schließlich wurde die RBG unter anderem für die vorbildliche pädagogische Arbeit mit dem Schulpreis gewürdigt. Seitdem werden viel mehr Schüler angemeldet, als die Schule aufnehmen kann. Eltern bleibt in Hildesheim die Qual der Wahl: Es gibt drei Hauptschulen, vier Realschulen, eine Oberschule, sieben Gymnasien, zwei Gesamtschulen und eine Schule in freier Trägerschaft (Waldorfschule).

Preußischer Prachtbau

„Wilhelm, der Vater des Reichs, erweckte dies Haus aus den Steinen. Friedrich, der duldende Fürst, richtete Pfeiler und Wand. Wilhelm vollbrachte das Werk, der Trost und die Hoffnung der Seinen. Schütze uns Kaiser und Haus Gottes allwaltende Hand". An der Fassade des Regierungsgebäudes am Hückedahl steht der Sinnspruch, der auf das Drei-Kaiser-Jahr 1888 hinweist. Das Jahr wurde Drei-Kaiser-Jahr genannt, weil nach dem Tod Wilhelm I. auch sein Sohn Friedrich III. starb. Dessen Sohn Wilhelm II. wurde Deutscher Kaiser und König von Preußen. In dieser Zeit, von 1887 bis 1889, entstand am östlichen Teil des Domhofs das im Stil des Historismus gebaute preußische Regierungsgebäude. Die Pläne dafür stammten von dem Hildesheimer Architekten Anton Algermissen. Der zur preußischen Provinz gehörende Regierungsbezirk Hildesheim wurde im Jahr 1885 im Wesentlichen aus dem ehemaligen Fürstentum Hildesheim gebildet. Der Bezirk bestand von 1885 bis 1978. Zum 1. Februar 1978 wurde er aufgelöst und auf die Regierungsbezirke Hannover und Braunschweig aufgeteilt.

Die Zerstörung Hildesheims im Zweiten Weltkrieg überstand das Haus mit nur leichten Schäden.

Auf der Domhofseite des Gebäudes befinden sich heute noch die repräsentative Auffahrt unter dem großen Balkon sowie der Eingang zum Sitz des Regierungspräsidenten. Durch

An der Fassade des Regierungsgebäudes am Hückedahl steht der Sinnspruch, der auf das Drei-Kaiser-Jahr 1888 hinweist.

das Fenster der Eingangstür kann man auf das Vestibül blicken – die repräsentative Eingangshalle mit Treppe. Heute ist in dem Gebäude das Niedersächsische Landesamt für Soziales, Jugend und Familie untergebracht.

Niedersächsisches Landesamt für Soziales, Jugend und Familie
Domhof 1
31134 Hildesheim
05121 3040
www.soziales.
niedersachsen.de

■ In der Nähe des Bismarckturms stand früher der Galgen der Stadt

Abschreckende Wirkung

Von Weitem gut sichtbar stand der Hildesheimer Galgen im Mittelalter auf dem noch nicht bewaldeten Galgenberg. Erste Hinrichtungen fanden im 14. Jahrhundert statt. Bürgermeister Henni Arneken schrieb am 21. März 1582 in sein Tagebuch über eine jungen Diebin: „Um 9 Uhr die Sünderin vor Gericht gestellt, um 10 Uhr zum Galgen verurteilt worden." Das Hängen war die schlimmste aller Strafen, denn die Gehängten blieben zur Abschreckung solange am Galgen baumeln, bis Wind und Wetter ihr Werk erledigt hatten und sie abfielen. Dann verscharrte man sie – ein christliches Begräbnis wurde ihnen verwehrt. Deshalb baten Delinquenten um „Gnade": um die Hinrichtung durch das Schwert. Sie konnten so in christlicher Erde bestattet werden. Auf einem Merian-Stich aus dem 17. Jahrhundert ist der Galgen gut zu erkennen: Er bestand aus drei senkrechten Balken, die an den oberen Enden mit drei waagerechten verbunden waren – die Grundfläche ergab ein Dreieck.

Erste Hinrichtungen fanden im 14. Jahrhundert statt.

Weitere Hinrichtungsplätze der Stadt waren der Marktplatz und die Steingrube. Auf der Steingrube wurden als Hexen verurteilte Frauen verbrannt. Ende des 16. Jahrhunderts entstand dort ein „Rabenstein" – ein für Hinrichtungen gemauertes Podest. Ein Domherr war der Erste, der im April 1599 dort mit dem Richtschwert vom Leben zum Tod befördert wurde. Er soll einen Spielmann erstochen haben. Der Galgen in der Nähe des Bismarckturms wurde erst am 17. Januar 1809 abgerissen, nachdem Hildesheim zum Königreich Westfalen gehörte und man der Stadt das Recht auf eigene Gerichtsbarkeit entzog.

Bismarckturm
Mozartstraße
31141 Hildesheim

Platz für Freizeitruderer und Binnenschiffer: der Hildesheimer Hafen

Hindenburg und der Hafen

„Es ist gut sein im Pott Hilmessen – mit diesem Wunsch will ich den Becher ergreifen", sprach Reichspräsident Paul von Hindenburg und hob den Maigrafenbecher mit dem Ehrentrank. Sein Ausspruch beim Empfang im Rathaus am 20. Juni 1928 klang merkwürdig – doch die Hildesheimer waren glücklich. Nach dem Besuch Kaiser Wilhelm II. im Oktober 1900 war nach 28 Jahren endlich wieder ein Staatsoberhaupt in der Stadt. „Heute erhält Hildesheim, das einst ein mächtiges Mitglied der Hanse war, den Anschluss an den großen mitteldeutschen Wasserweg", sagte der Reichskanzler und winkte dem jubelnden Volk auf dem Marktplatz zu. Nach achtjähriger Bauphase war der Hafen mit dem 15 Kilometer langen Stichkanal zum Mittellandkanal fertiggestellt. Der Reichskanzler und sein Gefolge wurden durch die mit Fahnen und Girlanden geschmückte Stadt bis zum Hafen geleitet. Nach einer Führung brach von Hindenburg Richtung Hannover auf:

Nach dem Besuch Kaiser Wilhelm II. im Oktober 1900 war nach 28 Jahren endlich wieder ein Staatsoberhaupt in der Stadt.

Dort weihte er die große Binnenschleuse bei Anderten ein. Nach dem hohen Besuch wurde auch die Hildesheimer Hafenanlage offiziell eingeweiht – von Oberbürgermeister Ernst Ehrlicher. Heute kommen über 500 Schiffe jährlich. Im Jahr 2016 wurden 663.000 Tonnen Mineralien, Getreide, Heizöl, Kohle und Altmetalle umgeschlagen. Die 1.420 Meter lange Kaimauer hat Platz für zwölf Binnenschiffe. Für den Weitertransport der Waren ist die Lage des südlichsten niedersächsischen Binnenhafens günstig: Ein Anschluss ans Netz der Deutschen Bundesbahn besteht, nah sind die A 7 und 2 sowie die B 1, 3 und 6.

Hafenbetriebsgesellschaft mbH
Hafenstraße 20
31137 Hildesheim
0512153384
www.hafen-hildesheim.de

■ Echtes Handwerk: Messingplatten werden bei Zeyher per Hand gebogen

■ Diplom-Designer Dirk Zeyher mit einem restaurierten Kronleuchter

Handwerk mit Tradition

„Handwerk hat goldenen Boden" heißt ein Sprichwort. Aber so goldig-glänzend wie beim Familienunternehmen Rudolf Zeyer, dem Metalldrücker- und Gürtlermeister, ist er wohl nirgendwo. Massenware gibt es nicht, dafür handgefertigte Wohnaccessoires wie Kerzenhalter mit polierter Wandplatte (Blaker), Stövchen und Tabletts aus Messing. Die meisten Aufträge kommen von Kirchen und Klöstern: Wetterfahnen und Zifferblätter werden saniert und vergoldet, Armleuchter und Kerzenständer repariert und restauriert. Sie kommen hier zu neuem Glanz. Sohn Dirk ist Diplom-Designer in Metallgestaltung sowie Restaurator im Metallbau-Handwerk. Er ist stolz, dass in dem Familienunternehmen fast alle Grundtechniken der Metallverarbeitung per Hand angewandt werden – nirgendwo sonst in Deutschland soll das so zu finden

Massenware gibt es nicht, dafür handgefertigte Wohnaccessoires

sein. Hier wird u. a. gegossen, geschmiedet, gebogen, geprägt und gedrückt – immerhin in der dritten Generation seit 1958. Im Verhältnis zu anderen Hildesheimer Familien-Unternehmen ist die Metallkunst Zeyher allerdings sehr jung. Der Honigkuchenbäcker Beste eröffnete bereits 1840 sein Geschäft, die Silber- und Goldschmiede Th. Blume existiert seit 1858 und Ofen-Baule gründete 1860 das Familienunternehmen. In fünfter Generation wird das Geschäft des Töpfer- und Ofensetzmeisters Luis Brunotte von 1866 geführt – heute von Manfred Blume. Das Holzwerk Borchard gibt es seit 1879, Dächer werden seit 1889 von Familie Schmidt gedeckt und das Geschäft des Terrazzohersteller Luigi Roman aus 1897 ist immer noch in Familienhand.

Metallkunst Rudolf Zeyher
Heinrichstraße 6
31137 Hildesheim
05121 57535
www.zeyher-metallkunst.de

■ Bücher für jedes Lesealter bietet die Hildesheimer Stadtbibliothek

■ Spielerisch werden die Jüngsten an Bücher herangeführt

Die Lust zu lesen

Kennen Sie die meistbesuchte Kultureinrichtung der Stadt? 80 Prozent der 12- bis 14-Jährigen nutzen sie regelmäßig: Es ist die Stadtbibliothek. Den sonst üblichen „Leseknick" bei 12-Jährigen gibt es in Hildesheim nicht. Rund 120.000 Bücher, Hörbücher, Zeitschriften, CDs, DVDs, CD-ROMs und Spiele können ausgeliehen werden. Für Jugendliche unter 18 Jahren ist das sogar kostenlos. Monatlich kommen bis zu 26.000 Besucher persönlich vorbei, 60.000 Entleihen werden bearbeitet. 88.000 virtuelle Besucher pro Jahr nutzen die Homepage oder den Katalog und laden sich E-Books herunter. Die Stadtbibliothek ist nicht nur Ausleihort, sondern gleichzeitig Lernort: An den Tischen der Empore sitzen Schüler, die hier ihre Hausaufgaben erledigen. Manchmal sind sie auch in größeren Gruppen da: Dann arbeiten sie an Projekten oder Referaten, die sie als Arbeitsgruppe zu erledigen haben. Hier haben sie Platz und Ruhe. Zur Überraschung der Mitarbeiter kommen selbst in den Ferien die Schüler hierher, um zu arbeiten.

Die Bibliothek bietet Programme für alle Kinder: Die Ein- bis Dreijährigen werden mit Spielen an Bücher herangeführt und ihre Familien fürs Vorlesen sensibilisiert. Vorlesenachmittage oder Führungen gibt es für Kindergartenkinder und Grundschüler. Am kostenlosen Sommerleseclub Julius (**Ju**gend **li**est **u**nd **s**chreibt) nehmen 11- bis 14-Jährige teil. Schon für zwei gelesene und bewertete Bücher bekommen sie ein Diplom. 2013 startete der Juliusclub mit einer Rekordbeteiligung von 420 jungen Lesern.

Stadtbibliothek
Judenstraße 1
31134 Hildesheim
05121 3014142
www.hildesheim.de

Den sonst üblichen „Leseknick" bei 12-Jährigen gibt es in Hildesheim nicht.

Stadtgeschichte auf fünf Etagen

Stadtmuseum im Knochenhauer-Amtshaus

Markt 7
31134 Hildesheim
05121 2993686
www.stadtmuseum-hildesheim.de

Ein Senking-Herd war für Generationen der Stolz jeder Hausfrau. Im Stadtmuseum ist der Senking-Sparherd ein Teil der Hildesheimer Industriegeschichte. Anton Senking brachte den transportablen Herd, die Revolution in den Küchen, zur industriellen Produktion. 1891 lieferte er eine Großkochanlage in den Berliner Reichstag und durfte sich fortan „Hoflieferant seiner Majestät des Kaisers" nennen. Tiefe Einblicke in die Geschichte der Stadt bieten Ausgrabungsfunde. Glanzstücke sind die Kopien von silbernen Kannen, Schalen und Tellern des Hildesheimer Silberfunds. Das römische Tafelgeschirr wurde 1868 zufällig gefunden.

Der transportable Senking-Herd wurde in Hildesheim gebaut

Ein Traum von Kirche: Traumkirche

Kirche einmal anders erleben, ohne Gottesdienst – das bietet die Traumkirche in St. Andreas. Nur vier Mal im Jahr, jeweils freitags ab 22 Uhr, findet dieses Licht- und Klangereignis statt. **Traumhaft schön ist der mit Kerzen, Fackeln oder bunten Strahlern ausgeleuchtete Kirchenraum.** Das Thema des Abends wird mit Installationen, Gesängen, Bildern oder Spielen umgesetzt. Nach einer Flanierphase ist jeder zu Brot, Wasser und Wein eingeladen. Persönliche Segnungen sind möglich. Berührend, beruhigend, inspirierend – die Traumkirche lockt auch Menschen in die Kirche, die ihr sonst fernbleiben.

St.-Andreas-Kirche
Gemeindebüro
Andreasplatz 6
31134 Hildesheim
05121 12434
www.andreas
kirche.com

Kerzen weisen den Weg zu den Stationen der Traumkirche in St.-Andreas

Hildesheimer Rose Pudding

Es ist der Festtagspudding einiger Hildesheimer Familien, meist eine süße Erinnerung an die Kindheit. **Nirgendwo schmeckt er so gut wie bei Mutter Klinner.** Hier ihr Rezept: circa 500 g gefrorene Erdbeeren in eine Glasschale mit hohem Rand geben, antauen lassen. Bei Bedarf Zucker darüber streuen und Saft ziehen lassen. Nach Packungsangabe ½ l Vanillepudding kochen und ihn über die Erdbeeren geben. Darüber kommt ½ l Schokoladenpudding. 1 B. Sahne mit 1 P. Vanillezucker mischen, steif schlagen und auf den erkalteten Pudding streichen. Obenauf kommt fein geriebene Vollmilchschokolade. Übrigens: Gekaufte Schokostreusel sind ein Frevel an diesem Rezept!!!

Schicht für Schicht ein Genuss: der Hildesheimer Rose Pudding

Das symbolisierte schlechte Gewissen

Vor diesem Wicht muss man sich in Hildesheim in Acht nehmen – zumindest, wenn man nicht in ehrlicher Absicht in der
Stadt unterwegs ist. Einer Sage nach lastet der Huckup
(hochdeutsch: Hock auf) Dieben schwer auf den Schul-
tern – er ist das symbolisierte schlechte Gewissen. Das Denkmal mit dem Apfeldieb, auf dessen Rücken dieser Wicht hockt,
wurde vor über 100 Jahren angefertigt. Seit 1905 steht es an
demselben Platz auf dem Hohen Weg. Am Sockel ist im Hildesheimer Platt zu lesen: „Junge, lat dei Appels stahn, süs packet
deck dei Huckup an / Dei Huckup is en starken Wicht, hölt mit
dei Stehldeifs bös Gericht".

Huckup-Denkmal
Hoher Weg/Ecke
Schuhstraße
31134 Hildesheim

Ein mahnendes Denkmal: der Huckup auf der Schulter des Apfeldiebes ■

107

Weingenuss in der Kemenate

Weinkostbar

Rathausstraße 8
31134 Hildesheim
05121 2813475

Die vornehmen und wohlhabenden Bürger dieser Stadt haben sich bestimmt vor 450 Jahren hier eingefunden: in der Kemenate des Bürgermeisters Brandis. Sie gehört zum Hotel Bürgermeisterkapelle, eine Kapelle war sie jedoch nie. Sie ist ein beheizbarer Steinbau mit Gewölbe. Hier hat nach siebenmonatiger Restaurierung der Gastronom Rüdiger Schärling 2012 eine historische Weinstube eröffnet. Schon 1925 existierte an dieser Stelle ein Weinlokal. Die Namen der Erbauer des heute einzigen nicht kirchlichen Raums der Spätgotik sind am Kamin gut zu lesen: Jost Brandis – Anna Varhirher seine eheliche Hausfrau 1562.

Restauriertes Kamingewölbe des Bürgermeisters: die Weinkostbar

Hildesheimer Burgtheater

Angelegt war die Marienburg, um die Hildesheimer fernzuhal-
ten – heute ist die ehemalige bischöfliche Burg Kulturcampus
der Stiftungsuni und Ausflugsziel der Städter. Als Zwingburg
der Bischöfe gegen die Stadt wurde sie zwischen 1346
und 1349 südwestlich der Altstadt gebaut. Viel Theater
gab es an der Burg schon früher: 1578 kam es zur Lynchjustiz
der Bürger, nachdem der Schwager des bischöflichen Kanzlers
einem angelnden Hildesheimer den Schädel gespalten hatte.
Richtiges Theater wird hier seit November 2011 gespielt – im
Neubau des Burg-Theaters. Nebenan im Hofcafe gibt es lecke-
ren Kuchen.

**Hofcafe Domäne
Marienburg**
Domänenstraße 3
31141 Hildesheim
05121 261601

Uni-Kulturcampus und Ausflugsziel der Hildesheimer: Domäne Marienburg ■

109

50 Vom Kloster zum Krankenhaus

St.-Bernward-Krankenhaus
Treibestraße 9
31134 Hildesheim
05121 900

Die Mönche des Kartäuserklosters beschwerten sich beim Rat der Stadt: Bei Hochwasser schwemmte der Bach immer Kadaver in ihren Hof. Das Kloster des Kartäuserordens befand sich hier seit 1659. Nach Aufhebung des Ordens 1777 erhielten 1852 drei Schwestern vom Orden des Heiligen Vinzenz von Paul vom Hildesheimer Bischof Wedekin die Aufgabe, Kranke zu pflegen. Daraus entstand das St.-Bernward-Krankenhaus. Über dem heute noch erhaltenen Portal der alten Kartause (Neue Straße/Ecke Treibestraße) sind Johannes der Täufer, eine Marienfigur mit Kind sowie der Ordensgründer, der heilige Bruno von Köln, zu sehen.

Nur ein Barockportal erinnert an das ehemalige Kartäuserkloster

Die Stimme des Volkes

Alle dürfen, keiner muss mitmachen beim Hildesheimer Bürgerradio Radio Tonkuhle. Am 15. August 2004 lief die erste Sendung bei dem nichtkommerziellen Lokalradio. Viele Ehrenamtliche gestalten in ihrer Freizeit das Radioprogramm. Voraussetzung dafür ist die Teilnahme am Grundkurs Radiopraxis sowie der Aufbaukurs Studiotechnik und Moderation. Die rund 270 Mitglieder des Trägervereins „Radio Tonkuhle e.V." unterstützen die Arbeit der Radioleute. Das Bürgerradio hat über 90 Sendungen, eine eigene Frauenredaktion, mit „Latscho Dibes" wohl die einzige Radiosendung für Sinti in Deutschland und eine ausgezeichnete Sportredaktion.

Radio Tonkuhle
Andreas-Passage 1
31134 Hildesheim
05121 296090
www.tonkuhle.de

Laien und Profis dürfen ran: Volontär Alex moderiert die Morgensendung

Ökumene im Kloster Marienrode

Kloster Marienrode

Auf dem Gutshof
31139 Hildesheim
05121 930410
www.kloster-
marienrode.de

Ordensschwestern, katholische Pfarrgemeinde und eine evangelische Gemeinde sind gute Nachbarn im idyllisch gelegenen Kloster Marienrode. 1988 zogen Benediktinerinnen in das im 12. Jahrhundert gegründete Kloster ein. Elf Schwestern unterhalten hier ein Exerzitien- und Gästehaus, in dem jeder willkommen ist. Die katholische Pfarrgemeinde St. Michael teilt sich die Kirche mit den Schwestern. In direkter Nachbarschaft, in der Torkapelle, ist seit 1830 die evangelische Gemeinde St. Cosmas und Damian zu Hause. Besonderer Höhepunkt im Sommer ist das Marienroder Klosterkonzert vor traumhafter Kulisse.

In idyllischer Landschaft liegt das Kloster Marienrode

Utlucht als Statussymbol

Das Tempelhaus am Marktplatz ist mit einem der wenigen noch erhaltenen Erkeranbauten in der Stadt, einer sogenannten Utlucht bzw. Auslucht verziert. Ende des 16. Jahrhunderts war es in Hildesheim große Mode, diese Anbauten an die Häuser zu bringen. Die Utluchten waren eine Art Statussymbol. Hatte die Nachbarin eine, konnte man selbst nicht darauf verzichten. Zunehmend wurden die Gassen enger, deshalb mussten ab 1591 die Bürger für diese Anbauten eine Genehmigung einholen. Auf den vier Brüstungsfeldern am Tempelhaus ist die biblische Geschichte des verlorenen Sohnes zu sehen.

Tourist Information

Tempelhaus
Rathausstraße 20
31134 Hildesheim
05121 17980
www.hildesheim.de

Ein sichtbares Zeichen des Reichtums: die Utlucht am Tempelhaus

54 Seefahrer und Entdecker

Pining-Brunnen

Alter Markt/Ecke Kardinal-Bertram-Straße
31134 Hildesheim

Augenzwinkernd wird die Geschichte Didrik Pinings gern erzählt: Der Hildesheimer soll 1473, also 19 Jahre vor Kolumbus, an der nordamerikanischen Küste angelangt sein. Mitte des 15. Jahrhunderts verließ er seine Heimat, wurde Seefahrer, segelte im Auftrag König Christian I. von Dänemark Richtung Westen. Er kam wohl bis zur Küste Neufundlands. Keiner war da, deshalb soll er seinem Steuermann im breiten Hildesheimer Platt zugerufen haben: „Kaana da!". Kanada soll auf einer Karte vermerkt worden sein – eindeutige Beweise fehlen aber. Fest steht: Pining war Statthalter auf Island – seine Gesetze heißen noch heute Piningdomur.

Ein Enterhaken am Brunnen erinnert an den Admiral Didrik Pining

Mittelalterliche Lebensader

„Heute wird bekannt gemaket, dass niemand in die Treibe kaket, morgen wird gebraut" – so versuchte ein Ausrufer im Mittelalter für frisches Wasser zum Bierbrauen zu sorgen. Die Treibe, der kleine Bach am Rande der Altstadt, war die Lebensader der Stadt: Am Kurzen Hagen wässerten die Heringswäscher ihre Salzheringe, die Eckemeker (Weißgerber) wuschen hier die Tierhäute. An der Straße „Hückedahl" (hocke nieder) endeten Aborte. Der Inhalt der Nachtgeschirre floss die „Stinekenpforte" (stinkende Pforte) hinunter zur Treibe. Ab 1862 wurde der Bach kanalisiert und endet heute sauber im Mühlengraben an der Treibestraße.

Die Stinekenpforte führte vom Domhof hinunter zum Bach Treibe

115

56 Weg zum Welterbe

www.welterbe
programm.de

Abends ist ein Spaziergang zu den beiden Welterbestätten besonders schön: Lichtstreifen im Boden leiten auf dem „Welterbeband" vom Marktplatz zu St. Michaelis und dem Mariendom. Wer dem Lichtschein folgt, wird vom Markt über den Kurzen Hagen zur Michaelis- und Burgstraße zum Domhof geführt und von dort über die Kreuzstraße zurück zum Markt. Erkennungszeichen für das Welterbeband sind Granitplatten mit Lichtleisten und moderne Straßenlaternen, Lichtstelen genannt. Wer diesen Pfad betritt, findet mit Sicherheit immer den Weg zum Markt zurück.

Durch das Paulustor führt das Welterbeband zum Mariendom

116

Hildesheimer Bischöfe

Am 11. Februar 2006 wurde der Kölner Weihbischof in sein Amt als 70. Bischof von Hildesheim eingeführt. Er steht dem flächenmäßig drittgrößten Bistum Deutschlands vor und ist Hirte von rund 600.000 Katholiken. Stellvertretender Vorsitzender der Deutschen Bischofskonferenz ist er seit Oktober 2011. Neben den zwei Weihbischöfen und einem Weihbischof em. des Bistums Hildesheim gibt es zwei weitere Bischöfe in der Stadt: Im Ortsteil Himmelsthür ist seit 1978 der Sitz des Bischofs der serbisch-orthodoxen Diözese für Mitteleuropa. Der evangelische Regionalbischof lebt und arbeitet am Michaelisplatz.

Im Bischofshaus am Domhof residiert der 70. Bischof von Hildesheim

Pflanzenliebhaber unter sich

Verein für Garten Kultur Hildesheim e. V.

Ursula Kreye-Wagner
Terrassenstieg 15
31141 Hildesheim
05064 888269
www.offenegarten
pforte-hildesheim.de

Ein Geheimtipp der Hobbygärtner: Gemüsepflanzen, Kräuter, Stauden und Blumenzwiebeln werden auf der Pflanzenbörse des Vereins Garten Kultur Hildesheim e. V. gekauft. Jedes Jahr tauschen und verkaufen Privatleute und Schulen ihre Produkte auf dem Gelände der Domäne Marienburg – zu moderaten Preisen. Fachbetriebe gibt es wenige – die Pflanzenbörse im Mai und der Zwiebelmarkt im September sollen nicht zu kommerziell werden. Vom Eintrittsgeld (2 €/Person) wird für mehr Grün in der Stadt gesorgt, u. a. wurden Bäume auf dem Andreasplatz gepflanzt. Der Verein organisiert auch den Tag der offenen Gartenpforte, an dem Privatleute ihre Gärten öffnen.

Zweimal im Jahr gibt es Märkte für Pflanzen auf der Domäne Marienburg

Suchtfaktor: Kafenion

Stufen, Spitzendeckchen und selbst gebackener Kuchen – die eingefleischten Hildesheimer wissen sofort, wo sie das finden: im Kafenion an der Wollenweberstraße in der Hildesheimer Neustadt. In dem engen verwinkelten Fachwerkhaus mit grauen Balken fühlt man sich wohl wie in Omas Wohnzimmer. Und der selbst gebackene Kuchen ist einfach lecker. Die himmlische handgerührte Schokolade nimmt den direkten Weg zu den Hüften. In Griechenland ist ein Kafenion ein traditionelles Kaffeehaus. Mit ihrem Café hat sich die Besitzerin Irini Heimer, eine gebürtige Griechin, ein Stückchen Heimat nach Hildesheim geholt.

Kafenion
Wollenweber-
straße 37
31134 Hildesheim
05121 37781

Verwöhnt ihre Gäste mit selbst gebackenem Kuchen: Irini Heimer

Vom Wasserwerk zur Brauerei

Jan Pfeiffer und Malte Feldmann GbR

Goslarsche Land-
straße 15
31135 Hildesheim
01639633516
www.hildesheimer-
braumanufaktur.de

Mit dem Hödecken-Bräu fing 2014 alles an: Die Getränketech-nologen Malte Feldmann und Jan Pfeiffer erfüllten sich ihren Traum vom selbstgebrauten Bier. Seit 2016 betreiben sie die Hildesheimer Braumanufaktur mit Sitz im alten Wasserwerk an der Goslarschen Straße. Rund 4.000 Liter Bier der Sorten Keller Pils, Pale Ale, Brunhilde, London Ale und Imperial Blackberry Stout brauen sie monatlich. Donnerstags von 15 bis 19 Uhr ist Brauereiverkauf: Kartonweise geht dann im Wasserwerk Flaschenbier über die Theke. Stammkunden probieren die Fass-biere im Ausschank. Einige ausgewählte Supermärkte und Ge-tränkehändler führen das Bier aus der Hildesheimat.

Kerstin Blank und Karin Nordmann probieren das frisch gebraute Bier

Musik-Party auf dem Marktplatz

Runter vom Sofa, ab zum Marktplatz. Im Jahr 2000 hatten die Gastronomen am historischen Markt eine Idee: Musik sollte im Sommer regelmäßig auf dem Markt gespielt werden und zwar kostenlos für die Gäste der Lokale. Der Versuch startete und seitdem gibt es jeden Freitag- und Samstagabend ab 19 Uhr Live-Musik. Jazz, Rock, Pop, Skiffle, Gipsy-Swing oder Soul wird auf einer kleinen Bühne gespielt. Bands mit großer Fangemeinde schaffen es, dass ab 18 Uhr kaum ein Sitzplatz mehr zu finden ist – obwohl der Marktplatz mit Bierbänken vollgestellt ist. Schönes Wetter ist allerdings Grundvoraussetzung.

Markt
Rathausstraße
31134 Hildesheim
www.marktplatz-musiktage.de

Von der Skiffle-Band bis zur Jazz-Combo: Live-Musik auf dem Marktplatz

Klassisch seit über 80 Jahren

**Kulturring Hildes-
heim e. V.**
Schuhstraße 33
31134 Hildesheim
05121 34271
www.kulturring-
live.de

Hochkarätige Konzerte, Studienfahrten, Ausflüge zu Theater- und Opernaufführungen in anderen Städten – alljährlich schafft es der Kulturring Hildesheim, seine 1.000 Mitglieder zu begeistern. Wenn es um klassische Musik geht, ist auf den altehrwürdigen Kulturring seit 1929 Verlass. Über das gesamte Jahr verteilt finden große Konzerte, Kammer- und Kinderkonzerte statt. Dabei schafft es das Team um Geschäftsführer Bernhard Römer, national und international bekannte Künstler und Orchester nach Hildesheim zu holen. Darunter befinden sich regelmäßig Preisträger des begehrten Echo-Klassik-Preises.

Der Kulturring organisiert, Weltklassegeiger Benjamin Schmid spielt

Schindlers Koffer

Als Oskar Schindler im Jahr 1974 nach einer Herzoperation in Hildesheim starb, nahm die Öffentlichkeit keine Notiz davon. Hingegen stieß der Inhalt seines Koffers, der Jahre nach seinem Tod auf einem Dachboden in der Göttingstraße gefunden wurde, auf großes Interesse: Es befanden sich Dokumente, Briefe, Fotos und eine Originalliste der von ihm geretteten Juden darin. Der Koffer und sein Inhalt sind heute in der israelischen Gedenkstätte Yad Vashem ausgestellt. Erst durch Steven Spielbergs Film „Schindlers Liste" aus dem Jahr 1993 wurde Oskar Schindler bekannt. Nach ihm hat man 2011 in Hildesheim eine Gesamtschule benannt.

Oskar-Schindler-Gesamtschule
Bromberger Straße 36
31141 Hildesheim
05121 3018800

In der Göttingstraße erinnert eine kleine Tafel an Oskar Schindler

Improvisieren ist ihre Kunst

**Theaterhaus
Hildesheim**

Langer Garten 23 c
31137 Hildesheim
05121 54276
www.schmidts
katzen.de

Das Publikum entscheidet, was bei einem Auftritt von Schmidt's Katzen passiert. Nur eins ist gewiss: Sie sind ein erbarmungsloser Angriff auf das Lachzentrum und ein Garant für einen vergnüglichen Abend. Seit zehn Jahren schleichen die vier „Katzen" über die Improvisations-Theaterbühnen. Sie spielen für und mit ihrem Publikum, reagieren spontan auf Zurufe und erfinden sich jedes Mal neu. Zehnmal gesehen, zehnmal etwas anderes erlebt – und sich immer vor Lachen ausgeschüttet. Ob neue Formate oder altbewährte Konzepte – Schmidt's Katzen tun einfach gut. Sie sollten auf Rezept verordnet werden können …

■ Ein Abend mit Schmidt's Katzen ist voller Überraschungen

Der letzte Turm der Stadtbefestigung

Es ist selten, dass Hildesheimer Bürger aufbegehren – die Einwohner der Neustadt haben es getan. Sie protestierten am Anfang des 19. Jahrhunderts gegen den geplanten Abriss des Kehrwiederturms – alle anderen Wehrtürme und Stadttore existierten schon nicht mehr. Ihre Begründung: Sie könnten die am Turm angebrachte Schlaguhr nicht entbehren. Mit ihrem Einwand hatten sie Erfolg, denn Uhren waren in den Haushalten der Neustädter kaum zu finden. Der letzte Turm der mittelalterlichen Stadtbefestigung wird heute vom Hildesheimer Kunstverein für Vorträge und Gespräche genutzt. Viermal im Jahr werden Ausstellungen organisiert.

Kehrwiederturm
Am Kehrwieder 2
31134 Hildesheim
05121 6981118
www.kunstverein-hildesheim.de

Der Kehrwiederturm ist ein Teil der mittelalterlichen Baugeschichte

66 Zum Blues in die Mühle

Bischofsmühle
Cyclus 66 e. V.
Dammstraße 32
31134 Hildesheim
05121 9994355
www.bischofs
muehle.de

Ein Déjà-vu am Heiligabend. Seit über 20 Jahren spielt in der Bischofsmühle dieselbe Band. Damit lösen Musiker der weltweit bekannten Bluesband B. B. & The Blues Shacks ihr Versprechen ein, 30 Jahre lang am 24.12. aufzutreten. Der Kulturverein Bischofsmühle Cyclus 66 organisiert seit 1971 rund 70 Kulturveranstaltungen pro Jahr im Keller der ehemaligen Bischofsmühle. Mehr als eine Million Besucher haben hier an über 4.000 Veranstaltungen teilgenommen. Fein sind die kostenlosen Summertime-Blues-Konzerte. Die Bischofsmühle gilt als kulturelles Markenzeichen der Stadt.

Im Keller der ehemaligen Bischofsmühle wird seit 1971 Musik gespielt

Der Schulmeister und die Forschung

Respekt vorm Schulmeister ist unerlässlich – jedenfalls dann, wenn man den Unterricht im Hildesheimer Land wie vor 100 Jahren erleben möchte. In der Stiftung Schulmuseum auf der Domäne Marienburg ist dies möglich. Prof. Dr. Rudolf Keck ist nicht nur federführend, er hält auch bei Bedarf den Rohrstock in der Hand. In einer Zeitreise kann hier die Entwicklung des Unterrichts erlebt werden. Das Museum ist jedoch nicht nur Ausstellungsort historischer Exponate, sondern ein Arbeitsfeld der Bildungsforschung an der Stiftung Universität. Unterstützt wird auch dieses Museum durch einen Förderverein.

Stiftung Schulmuseum Domäne Marienburg

Domänenstraße
31141 Hildesheim
05121 883430
www.uni-hildesheim.de

Professor Rudolf W. Keck spielt im Schulmuseum den Schulmeister

Kreatives in Gold und Silber

**Gold- und Silber-
schmiede Th. Blume**
Hoher Weg 18
31134 Hildesheim
05121 35007
www.th-blume.de

Viele inhabergeführte Geschäfte zeichnen Hildesheim aus. Eins davon ist die Gold- und Silberschmiede Theodor Blume – und das seit 1858. In fünfter Generation wird in dem Familienbetrieb kunstvoll individueller Schmuck gefertigt, der besonders kreativ präsentiert wird. Seit Jahrzehnten gilt die Schaufensterdekoration als die schönste der Stadt. Am Schmuck zeigt sich die enge Verbundenheit der Familie mit Hildesheim: Hier wurde 2010 ein Kettenanhänger in Engelsform entworfen – nach einem Motiv aus der Engelschorschranke in St. Michaelis. Zum Jubiläumsjahr 2015 gestaltete die Goldschmiede die Gebäudeumrisse für einen Stadtring.

Die Motive auf dem Hildesheimer Stadtring stammen aus Blumes Werkstatt

Gewandete Zeitreisen

Merkwürdiges Gesindel zieht manchmal durch die Stadt – oder es tauchen die Damen der feinen Gesellschaft auf. Die Hildesheimer sind es gewohnt, auf Persönlichkeiten der letzten 1.000 Jahre zu treffen – dargestellt von den Kostümführern. Vor einigen Jahren versuchte eine besorgte Rettungswagenbesatzung die in einer Ecke hockende Aussätzige mitzunehmen – so echt wirkte ihr Spiel. Inzwischen werden die gewandeten Stadtführer stilsicher von einigen Bürgern mit einem „Seid gegrüßt" empfangen. Jeden ersten Freitag im Monat geht es zu einem besonderen Thema auf einen Spaziergang in die Vergangenheit.

Hildesheimer Kostümführer
Gerda Schultze-Tostmann

Im Winkel 7
31185 Hoheneggelsen
05129 96123
www.costume-event.de

Nehmen ihre Gäste mit auf eine Reise durch die Zeit: die Kostümführer

70 Ein Haus voller Kultur

KulturFabrik Löseke
Langer Garten 1
31137 Hildesheim
05121 7509450
www.kufa.info

Die KulturFabrik Löseke ist *die* Adresse, wenn es um Bürgerbeteiligung und Stadtkultur geht. Die Projekte des soziokulturellen Zentrums fallen auf: das Kulturspektakel Hildesheimer Wallungen, die Pflanz- und Erntebewegung Mobiler Stadtgarten und der Bildungsbasar Nordstadtblüte sind nur einige davon. Für bildende Künstler, Musiker, Theaterschaffende gibt es Ateliers, Werkstätten und Proberäume. Regelmäßig finden Konzerte, Lesungen und Ausstellungen statt. Mittwochs wird in der „Volxküche" gekocht und gegessen. Seit 1996 stellt Familie Löseke ihre ehemalige Papierfabrik den Kulturschaffenden mietfrei zur Verfügung.

Aus der Papierfabrik im Backsteinbau wurde 1992 die KulturFabrik Löseke

Hilfe für Blinde

Dass ein persönlicher Einsatz Großes bewirken kann, dafür ist Louise Cooper ein glänzendes Beispiel. Sie ging am 21. April 1884 als Missionarin nach Hongkong (China), kehrte zwei Jahre später zurück. Das Schicksal der blinden Mädchen in China, die als wertlos galten, ließ sie nicht los. Mit Schriften und Vorträgen machte sie in Hildesheim auf das Schicksal der Kinder aufmerksam. Louise Cooper gründete deshalb 1890 den „Frauen- und Jungfrauenverein für China", aus dem die Hildesheimer Blindenmission hervorging. Sie ist die älteste in Deutschland und unterhält noch heute Schulen, Projekte und Bildungseinrichtungen in Asien.

Hildesheimer Blindenmission e. V.
Helmerstraße 6
31134 Hildesheim
0512 1 9188611
www.h-bm.org

Von Louise Cooper gegründet: die Hongkonger Blindenschule

Klassenfahrt im Kanu

www.kanu
zentrum.de

Im Hildesheimer Kanuzentrum können Schüler aller niedersächsischen Schulen einen Kanu-Kurs machen. Die Voraussetzungen in der öffentlichen Einrichtung für den Kanu-Schulsport sind ideal. Das Zentrum liegt auf dem Gelände des Freibads Jo-Wiese, direkt am Hohnsensee und dem Fluss Innerste. Klassenfahrten, Wander- und Projekttage werden hier auf dem Wasser verbracht. Über 100 Boote stehen dazu zur Verfügung. Jedes Jahr im Sommer finden die Kanu-Ferienkurse für Anfänger und Fortgeschrittene statt. Mit Spiel und Spaß werden Hunderte Kinder und Jugendliche beim Kanufahren betreut. Spannend für alle ist die erste Eskimorolle.

Balanceakt auf Kanus: Das Gleichgewicht zu halten ist nicht einfach

Ein Trank, der Esel zum Tanzen brachte

Ein Relief mit tanzenden Eseln am Haus erinnert an die ehemalige Ratsapotheke aus dem Jahr 1318 (Ecke Hoher Weg/Rathausstraße). Einer Legende nach sollen die Esel ein Fass mit dem vom Apotheker hergestellten Luttertrunk geleert haben. Der Apotheker verlangte vom Eigentümer der Esel Schadensersatz, der weigerte sich. **Eine weise Entscheidung des Bürgermeisters beendete den Streit.** Er sprach: „Ein Trank, der im Stehen gereicht wurde, ist ein Ehrentrank und muss nicht bezahlt werden." Diese Regelung gilt leider nicht mehr. Den Luttertrunk (16 Vol.-% Alkohol), ein mit Honig, Safran, Ingwer und Nelken verfeinerter Wein, gibt es in der Tourist-Information.

Besucherzentrum Welterbe Hildesheim & Touristinformation
Rathausstraße 20
31134 Hildesheim

Die tanzenden Esel an der Fassade der ehemaligen Ratsapotheke

Rosenblüten in Silber

Uhren Vierks

Kurzer Hagen 1
31134 Hildesheim
05121 36335

Auf festlich gedeckten Kaffeetischen in den 60er- und 70er-Jahren durfte eins nicht fehlen: Silberbesteck mit dem Dekor „Hildesheimer Rose" – das gehörte zur Tafelzierde einfach dazu. Kaffeelöffel, Kuchengabel, Tortenheber wurden gern zur Kommunion, Konfirmation und Hochzeit verschenkt. In Silber, versilbert, vergoldet gab es das Besteck mit der Blüte einer Edelrose am Stielende in ganz Deutschland zu kaufen und heute auch noch hier. Manche Besucher am 1.000-jährigen Rosenstock sind überrascht, eine fünfblättrige Blüte einer Wildrose am Mariendom zu finden – ist doch auf ihrem Hildesheimer Rose Besteck eindeutig eine Edelrose zu erkennen.

■ Gehören in Hildesheimer Haushalte: Kaffeelöffel mit Rosenmuster

Grünes Klassenzimmer

Biotope, Beete und Bienenstöcke – das alles ist im Schulbiologiezentrum zu finden. 1986 wurde es eingerichtet und gehört zu den 30 Regionalen Umweltbildungszentren (RUZ) in Niedersachsen. Jährlich nutzen bis zu 200 Gruppen das Angebot, verschiedene Lebensräume in der Natur zu entdecken und hautnah zu erleben – und nicht nur Kinder. Ein 1981 gegründeter Trägerverein Biologischer Schulgarten Hildesheim e. V. unterhält das 15.000 Quadratmeter große Gelände mit Streuobstwiese und Teichen, Vogel- und Mäusehaus, Nutzgarten und Naturspielplatz. Beim Tag der offenen Tür im Herbst ist der frisch gepresste Apfelsaft der Renner.

Schulbiologiezentrum Hildesheim

Am Wildgatter 60
31139 Hildesheim
05121 264911
www.schulbiologie
zentrum.de

Tasten, schmecken, riechen: sinnliche Erfahrung im Schulbiologiezentrum

Sattessen und sattsehen

Pfannkuchenhaus
Jakobikirchgasse 2
31134 Hildesheim
05121 32414

Ist es ein Museum im Restaurant oder ein Restaurant im Museum? So ganz klar ist das nicht beim Pfannkuchenhaus. Michael Maecker steht in der Küche und backt die luftigen Pfannkuchen, seine Ehefrau Maria Eugenia bedient die Gäste. 2014 übernahmen sie das Lokal vom Ehepaar Beste, das die urige Inneneinrichtung jahrelang zusammengetragen hatte. Hier rückt das Biedermeiersofa eng an Gründerzeitmöbel. Jahrzehntealte Bilder und Gebrauchsgegenstände schmücken die Wände. Essen wird in dieser Hildesheimer Institution fast zur Nebensache. Wegen der dicken Pfannkuchen ist das Lokal aber weit über die Grenzen Hildesheims hinaus bekannt.

Michael und Maria Eugenia Maecker backen leckere Pfannkuchen

Zehn Mal einzigartig

Ein exklusives Geschäft für handgefertigte Produkte ist die Galerie ZEHN. Die besonderen Stücke aus Kunst, Handwerk und Design sollte man sich selber schenken. Außergewöhnlicher Schmuck, flippige Taschen aus Leder und Recyclingmaterial, samtene Sitzkissen, ausgefallene Mode und Magnettafeln aus altem Eichenholz und Glas werden u. a. von den Designer- und Handwerkerinnen angeboten. Seit dem 1. Oktober 2010 existiert ihr Verkaufsraum für die qualitativ hochwertigen Unikate. „Unsere Produkte setzen Impulse für ein persönliches Design und machen das Leben schöner", sagen die Designerinnen. Da gibt es nichts hinzuzufügen.

Galerie ZEHN
Scheelenstraße 10
31134 Hildesheim
05121 7554512
www.galeriezehn.de

Design aus Hildesheim: Schmuckdesignerin Vera Schellhorn

Im Land der Bördepalme

Landwirtschafts-kammer Nieder-sachsen

Am Flugplatz 4
31137 Hildesheim
05121 74890
www.lwk-
niedesachsen.de

Die höchsten Erhebungen in der Hildesheimer Börde sollen die Zuckerrüben-Berge sein – aber nur im Herbst. Die etwa 270 Quadratkilometer große Ackerfläche nordöstlich von Hildesheim ist die Heimat der Bördepalme – der Zuckerrübe. Seit Jahrtausenden wird hier auf dem Lössboden Ackerbau betrieben. Die Bördeböden sind die fruchtbarsten in Deutschland. Bei der Bewertung der Ackerflächen durch Bodenpunkte erreicht die Hildesheimer Börde auf einer Skala von 7 (= sehr schlecht) bis 100 (= sehr gut) teilweise über 100 Punkte. Ein Acker mit nur 50 Punkten verfügt also nur über die Hälfte des theoretischen Ertragspotenzials eines 100 Punkte Bodens.

■ Plattes Land, guter Boden: Zuckerrübenfeld in der Hildesheimer Börde

Hochglanz auf der Bühne

www.sistergold.de

Wenn Sopran-, Alt-, Tenor- und Baritonsaxofon zusammen im Scheinwerferlicht stehen, dann kann es sich nur um das virtuose Quartett von Sistergold handeln. **Die vier Musikerinnen sind ein glanzvolles und eingespieltes Team – das ist zu hören und zu sehen.** Mit einer beeindruckenden Leichtigkeit und Bühnenpräsenz spielen Inken Röhrs, Elisabeth Flämig, Sigrun Krüger und Kerstin Röhn das, was ihnen gefällt – Jazz, Blues, Funk und Balladen in eigenen Arrangements. Das Publikum ist ihnen dafür dankbar. Präzise, energiegeladen und vor allem sehr charmant sind die goldenen Schwestern. Sie können es einfach.

Sistergold beglücken und entzücken ihr Publikum mit Spielwitz

80 Auf Rosen gehen

Tourist-Information

Rathausstraße 18–20
31134 Hildesheim
05121 17980
www.hildesheim.de

Beim Rundgang durch Hannover folgt man dem roten Faden, Ratten sind es in Hameln – in Hildesheim geht man auf Rosen. Weiße Porzellansteine mit einer roten Rose weisen den Weg auf der Rosenroute, die zu besonderen Orten führt. Diese sind gut an den großen Messingschildern davor zu erkennen. Informationen zu den Sehenswürdigkeiten findet man in einem dazugehörigen Heft, das in der Tourist-Information zu kaufen ist. Bürger der Stadt sind Rosenpaten geworden und finanzieren so die Neugestaltung der Route. Die alten Wegweiser, aufs Pflaster gesprühte weiße Rosen, verschwinden langsam aus dem Stadtbild.

Die Rosensteine führen zu den schönsten Ecken in der Stadt

Ein Uni-Fest mitten im Sommer

Am ersten Sonnabend nach der kalendarischen Mittsommernacht ist es soweit: Dann ist alljährlich das Sommerfest der Stiftungsuni auf dem Gelände des Kulturcampus Domäne Marienburg. **Bei dem Festivalabend wird in der gesamten Burganlage gespielt – Bürger und Studenten feiern gemeinsam.** Auf sechs Bühnen sind Partymusik, Weltmusik, Kleinkunst, Lesungen, Jazz und Theater zu sehen und zu hören. Für jeden Kunstgeschmack ist etwas dabei. Man kann aber auch einfach auf der Wiese liegen, Freunde treffen und bis in den frühen Morgen dem bunten Treiben zusehen. In jedem Jahr sind viele Künstler aus der Region dabei.

Kulturcampus Domäne Marienburg
Domänenstraße 3
31141 Hildesheim
www.uni-mittsommernacht.de

Da muss man hin: Uni-Sommerfest auf dem Kulturcampus Domäne Marienburg

82 Unter Schutz: der 50er-Jahre-Bau

Café Am Zuckerhut

Andreasplatz 20
31134 Hildesheim
05121 602902
www.zuckerhut-
cafe.de

Beim Bombenangriff vom 22. März 1945 wurden rund 80 Prozent der Häuser in der Altstadt zerstört. In den 50er-Jahren wurde aufgebaut – diese Häuser prägen bis heute das Stadtbild. Am Andreasplatz hat die Altstadtgilde e.V. 2009 ein Fachwerkhaus gebaut: den umgestülpten Zuckerhut. Die Pläne für ein Café im Nachbarhaus, dem Pfeilerhaus, mussten geändert werden: Ein nierenförmiger Pavillon durfte nicht abgerissen werden. So wie das 50er-Jahre-Häuserensemble am Andreasplatz steht auch er unter Denkmalschutz. Der Pavillon wurde in das Café integriert, und heute befinden sich dort die schönsten Plätze des Lokals.

■ Das Häuserensemble rund um den Andreasplatz ist denkmalgeschützt

Einmal rund um Hildesheim

Freizeitradeln macht in Hildesheim Spaß. Dafür sorgt der ADFC-Hildesheim mit seinen geführten Touren und dem Familien-Radwandertag. Seit 1998 werden einmal jährlich die Familien auf den beschilderten Rundkurs Hi-Ring gelockt. Gefördert wird dies von der Allgemeinen Ortskrankenkasse (AOK) und der Hildesheimer Allgemeinen Zeitung. 45 Kilometer klingen lang, sind aber gut zu schaffen. Die Route mit schönen Ausblicken auf Hildesheim führt u. a. über Ochtersum, Kloster Marienrode, Sorsum, Giesen, Asel, Bavenstedt und Itzum zur Domäne Marienburg. Sie wird „rechtsrum" gefahren – der kürzeren Anstiege und längeren Abfahrten wegen.

ADFC-Hildesheim e. V.

Am Ratsbauhof 1 c
31134 Hildesheim
05121 1306666
www.adfc-hildesheim.de

Auch für Ungeübte gut zu schaffen: der Fahrrad-Rundkurs um Hildesheim

Sommerliche Orgelklänge

Sommerliche Kirchenmusik
Kirchenmusik-direktor Helmut Langenbruch

Michaelisplatz 2
31134 Hildesheim
05121 9990184
www.michaelis-gemeinde.de

Die Kirchen der Hildesheimer Innenstadt sind im Sommer voller Musik – sei es donnerstags bei der Sommerlichen Kirchenmusik in St.-Michaelis oder samstags bei den kostenfreien Orgelkonzerten der Dommusik. Die Kirchenmusiker Hildesheims organisieren von Juni bis September Orgel-, Orchester- und Chorkonzerte. Zu hören sind sie u. a. in der St-Andreas-Kirche (Beckerath-Orgel), in der St.-Lamberti-Kirche (Palandt/Rietsch-Orgel) und in der St.-Michaelis-Kirche (Woehl-Orgel). Seit der Wiedereröffnung des Mariendoms im August 2014 bringen Kirchenmusiker in der Samstag-Mittags-Musik 30 Minuten die Orgeln im Dom zum Klingen.

Prof. Eberhard Lauer aus Hamburg spielt die Orgel in St.-Magdalenen

Weingenuss im Fachwerkbau

Aus Drei wurde Eins: Früher war es ein Fachwerk-Reihenhaus mit drei Eingängen – heute ist es ein Lokal: Schlegels Weinstube. Die um 1540 gebaute Häuserzeile liegt versteckt am Roemer- und-Pelizaeus-Museum. Von der Straße aus ist dieses Lokal nicht zu sehen. **Bei der Sanierung des Hauses stieß man auf einen alten Brunnen – heute dient er als Tisch im Lokal.** Urgemütlich ist der kleine Garten direkt an einem Teilstück der mittelalterlichen Stadtmauer. Übrigens kommt einer Sage nach der Straßenname „Am Steine" von einem Findling, den ein Riese aus seinem Schuh schüttelte. Noch heute liegt er am Straßenrand.

Schlegels Weinstuben

Am Steine 4–6
31134 Hildesheim
05121 33133
www.schlegels-weinstuben.de

Liebevoll restauriert ist der Fachwerkbau an der ehemaligen Stadtmauer

Gipsy Swing im Schatten der Burg

**Django-Rein-
hardt-Festival**

Gut Steuerwald
Mastbergstraße 19
31137 Hildesheim
0172 4810437
www.django-
reinhardt-festival.de

Virtuose Gitarrenklänge vor spektakulärer Kulisse – das ist jedes Jahr beim Django-Reinhardt-Festival auf Gut Steuerwald zu erleben. Drei Tage lang wird der von Reinhardt in den 30er-Jahren kreierte Gipsy-Swing gespielt. Aus der 1407 zum ersten Mal erwähnten Hildesheimer Sinti-Gemeinde stammt auch Kussi Weiss, einer der bedeutendsten Sinti-Jazz-Musiker Deutschlands. Gruppen aus ganz Europa zeigen ihre Kunst des Gitarrenspiels – die meisten sind eine Art Familienunternehmen. Die Jüngeren lernen vom Zusehen und Zuhören von den Älteren und verfeinern die Spieltechniken – alles ohne Noten. Ein mitreißendes Musikerlebnis.

Die kolumbianische Band Monsieur Periné beim Gipsy-Swing-Festival

Online Recycling

Mit diesem Angebot waren auch die guten Vorsätze dahin: Tausche Bauchtrainer gegen ein Glas Schokoaufstrich – so lautete eine Anzeige auf der Online-Recycling-Börse der ZAH (Zweckverband Abfallwirtschaft Hildesheim). Als erster Abfallbetrieb in Deutschland kam die ZAH im Mai 2005 auf die Idee, dass Kunden über die ZAH-Homepage Dinge anbieten, verschenken oder suchen können. Nur der erste Kontakt läuft über die ZAH, alles Weitere regeln die Kunden unter sich. Geld darf dabei nicht fließen – ein kommerzieller Charakter soll ausgeschlossen werden. So wird Müll vermieden und 5.200 Sachenanbieter, -sucher und -finder sind glücklich.

Zweckverband Abfallwirtschaft Hildesheim

Bahnhofsallee 36
31162 Bad Salzdetfurth/OT Groß Düngen
05064 9050
www.zah-hildesheim.de

Fand viele Nachahmer in Deutschland: die Online-Recycling-Börse

88 Eisiges und sandiges Vergnügen

Platz „An der Lilie"

Rathausstraße
31134 Hildesheim
www.citybeach-hildesheim.de

Im Sommer Sand, im Winter Eis: Der Platz „An der Lilie" gleich hinter dem Rathaus verwandelt sich je nach Jahreszeit. Im Sommer entsteht aus 150 Tonnen Sand der Citybeach. Strandliegen, Sonnenschirme und ein Beach-Volleyballfeld machen das Urlaubsgefühl mitten in der Stadt perfekt. Im Winter werden an gleicher Stelle die Hildesheimer aufs Eis gelockt. Im Januar und Februar ist dort fünf Wochen lang eine 700 Quadratmeter große Eisfläche zu finden. Schulen verlegen ihren Sportunterricht hierher oder machen Ausflüge aufs Eis. Einige Erwachsene versuchen sich beim Eisstockschießen – sogar eine Meisterschaft wird ausgetragen.

■ Entspannung auf dem Stadtstrand hinterm Rathaus

Café mit Weltblick

Seit 2012 ist das „Michaelis WeltCafé" das Lokal mit der schöns- ten Aussicht in Hildesheim: Es liegt am Fuße des Michaelishü- gels mit Blick auf die Welterbe-Kirche St. Michaelis. Das kleine Café ist Begegnungsstätte und Veranstaltungsort – nicht nur für die Bewohner des Viertels. Ausschließlich fair gehandelte Bio-Produkte werden hier ausgeschenkt. Der Kaffee, die Schokolade, der Tee und der Wein stammen vom Verein El Pu- ente, der zu Pionieren der Fairhandelsbewegung in Europa ge- hört. Im Weltladen von El Puente in der Scheelenstraße werden fair gehandelte Lebensmittel, Kunsthandwerksprodukte und Kosmetik aus Asien, Afrika und Lateinamerika angeboten.

Michaelis WeltCafé
Langer Hagen 36
31134 Hildesheim
05121 9994550
www.michaelis-
weltcafe.de

Blick auf die Unesco-Welterbekirche vom „Michaelis WeltCafé"

149

90 Ausflug in die Sommerfrische

**Gasthof Kupfer-
schmiede**

Steinberg 6
31139 Hildesheim
05121 6977931
www.gasthof-kupfer
schmiede.de

Ein Ausflug in die Sommerfrische war der Besuch der „Kupferschmiede" schon zu Kaisers Zeiten. Seit dem Ende des
19. Jahrhunderts steht die im Elsässischen Landhausstil
gebaute Villa auf dem Steinberg. Erst seit 2005 ist hier wieder ein Ausflugslokal mit gutbürgerlicher Küche entstanden.
Mitten im Wald, direkt am Wildgatter, ist es der ideale Ort für
den Familienausflug. Großen Wert legt der Wirt auf die Qualität seiner Bratkartoffeln – deshalb kauft er die Kartoffeln direkt
beim Bauern. Übrigens wurde hier nie Kupfer verarbeitet – der
Name stammt vom ersten Pächter, einem Kupferschmiede-
meister.

Die Kupferschmiede am Steinberg ist ein Ausflugsziel der Hildesheimer

In den Salon, nicht zum Friseur

Ein bisschen sieht es so aus, als sei die Zeit stehen geblieben: Im Salon Lattmann im Kurzen Hagen ist die Inneneinrichtung im Stil der 50er-Jahre fast komplett erhalten. Nierenförmiger Tresen, rosafarbene Waschbecken, mosaikverzierte Säulen – die kultige Einrichtung steht bereits unter Denkmalschutz. Sie ist Zeuge einer Zeit, als der Salon ein internationales Flair hatte. Inhaber Lattmann fuhr mit seinen Friseurinnen zur Fortbildung nach Paris, frisierte auf vielen Modenschauen, gewann Meisterschaften. Wer in den 60er-, 70er- und 80er-Jahren etwas auf sich hielt, ging in den Salon Lattmann, nicht zum Friseur.

Friseursalon Lattmann
Kurzer Hagen 16
31134 Hildesheim
05121 36858

50er-Jahre hautnah: Frisierabteile und Fliesenmosaik im Salon Lattmann

Extravaganz in Schwarz

M'era Luna Festival
Am Flugplatz
31134 Hildesheim
www.meraluna.de

Schwarze Haare, schwarze Lippen und auffällige schwarze Klamotten – die Anhänger der Gothic-Szene sind in Hildesheim nicht zu übersehen. Jedes Jahr kommen am zweiten August-Wochenende bis zu 20.000 Fans aus ganz Europa zu dem M'era Luna Festival am Flughafen. Es ist eins der größten Open-Air-Festivals der schwarzen Szene in Deutschland. Auf zwei Bühnen (Open-Air und im Flugzeughangar) heizen 40 Bands ihren Fans ordentlich ein. Neben den Konzerten genießen die Gothic-Anhänger die entspannte und friedliche Atmosphäre auf dem riesigen Festival-Campingplatz sowie Mittelaltermarkt, Modenschau und Disco-Hangar.

Bunte Vögel sind beim Gothic-Festival nicht zu finden – eher schwarze

Die Lust am Land

Einmal im Jahr ist mit dem Bauernmarkt viel Landleben in der Stadt. Die Hildesheimer mögen diesen Markt im September sehr. Wer schlau ist, kommt mit dem Fahrrad in die Innenstadt. Parkplätze sind zum Bauernmarkt Mangelware. Marmelade, Honig, Eier, Gemüse oder Wurst aus der Region werden angeboten – die Produzenten garantieren für Frische und Qualität. An eigenen Ständen bieten Landfrauen Spezialitäten aus ihren Küchen – oder Kränze und Gestecke aus Heu und Stroh an. Wen die Landlust verlässt, kann sich in den Einkaufstrubel stürzen: Zeitgleich mit dem Bauernmarkt findet ein verkaufsoffener Sonntag statt.

Landvolk Hildesheim
Kreisbauernverband e.V.

Am Flugplatz 4
31137 Hildesheim
0512170670
www.landvolk.net

Auf dem Bauernmarkt findet man jede Menge Produkte aus Hildesheim

94 Trödeln unterm Glasdach

Andreaspassage

Andreaspassage 1
31134 Hildesheim
www.andreas
passage.com

Sie ist die erste überdachte Einkaufspassage der Stadt mit Parkhaus, ein Wohn- und Geschäftshauskomplex und idealer Ausstellungsraum: die Andreaspassage. Antik- und Trödelmärkte, Oster- und Weihnachtsmärkte der Landfrauen, die Hildesheimer Eine-Welt-Woche, der Markt der Rosenquilter sowie Fahrradmessen des ADFC finden hier regelmäßig statt – geschützt vor Wind und Wetter unter dem Glasdach der Passage. Sonntags, wenn die Geschäfte geschlossen haben, ziehen die Marktstände ins Erdgeschoss und die erste Etage ein. Gebaut wurde die Passage 1983 am Fuß der St.-Andreas-Kirche auf dem Firmengelände der ehemaligen Tapetenfabrik Peine.

Platz für Ausstellungen und Märkte am Wochenende: Andreaspassage

Kultur auf einen Blick

Jede Menge kulturelle Veranstaltungen finden in Hildesheim und der Region statt – da verliert man schnell den Überblick. Abhilfe schafft das virtuelle Kultur-Serviceportal kulturium des Landkreises Hildesheim. Hier werden Informationen gebündelt und vernetzt. **Kulturschaffende können sich und ihre Arbeit präsentieren und Termine ihrer Auftritte, Aktionen und Ausstellungen eintragen.** Auch Museen, Organisationen und Gruppen machen mit. Die Vielfalt der Region wird auf diese Weise gebündelt und strukturiert sichtbar gemacht. Die Nutzung des kulturiums ist kostenlos. Wer hier in Ruhe stöbert, vergisst leicht die Zeit …

KulturBüro Landkreis Hildeshein
Bischof-Janssen-Straße 31
31134 Hildesheim
05121 3093401
www.kulturium.de
www.astridjansen.de

Designerin Astrid Jansen macht im „kulturium" Werbung für ihre Taschen

155

Wanderschuhe statt High Heels

www.forumheer
sum.de

Bequem im gepolsterten Sessel ein Theaterstück verfolgen – das kann man überall, aber nicht beim Heersumer Landschaftstheater. Hier bekommt das Theater Beine – und der Zuschauer einen Klapphocker. Mit dem wichtigen Utensil zieht er dem theaterspielenden Tross hinterher von einem Auftrittsort zum nächsten: von der Wiese zum Spielplatz, hinüber zum Bahndamm und von dort ins Dorf. Seit 20 Jahren hat das Forum Heersum großen Erfolg mit seinem Landschaftstheater. Bis zu 500 Besucher wandern knapp vier Stunden durch die natürliche Theaterkulisse und lassen sich mit Genuss bespielen. Erfahrene Zuschauer reisen in Wanderschuhen an.

Bürgertheater im Jubiläumsjahr 2015 mit aufblasbarem Dom

Ein Speicher für die Kunst

Große Installationen, Skulpturen, Bilder, Grafiken – zeitgenössische Kunst in Hildesheim hat ihren festen Platz in der Galerie im Stammelbach-Speicher. Die ganze Bandbreite künstlerischen Schaffens der regionalen bildenden Kunst wird hier seit 2002 gezeigt. Der Unternehmer Konrad Krüger stellt den alten Speicher im Bahnhofsviertel zur Verfügung, der Bund Bildender Künstler (BBK) und ein Trägerverein organisieren Ausstellungen. Zehn Künstlerinnen und Künstler aus der Region zeigen ihre Werke jedes Jahr in Einzelausstellungen. International bekannte Künstler, wie der Grafiker Klaus Staeck und der Liedermacher Wolf Biermann, waren Gäste.

Galerie im Stammelbach-Speicher

Wachsmuthstraße 20/21
31134 Hildesheim
www.galerieimstam
melbachspeiche.de

In der Jahresausstellung zeigen Künstler aus der Region ihre Werke

Von der Herberge zum Hotel

Novotel Hildesheim

Bahnhofsallee 38
31134 Hildesheim
05121 17170
www.novotel.com/
Hildesheim

Schon im 11. Jahrhundert wurden Reisende im Pilgerhaus des Sülteklosters aufgenommen. Diese Tradition wird fortgesetzt: Auf dem ehemaligen Klostergelände ist seit dem Jahr 2000 wieder eine Herberge – diesmal der nobleren Art. Ein Tagungshotel nimmt in dem denkmalgeschützten Bau aus dem Jahr 1849 seine Gäste auf. Als moderne „Heil- und Pflegeanstalt" im klassizistischen Stil erbaut, wurde es später Militärlazarett, Internat und wieder Krankenhaus. Der Name „Sülte" soll von einer alten Bezeichnung für einen Sumpf stammen. An den feuchten Untergrund erinnert heute nur noch ein kleines Quellhaus im Park des Hotels.

Das Quellhaus am Hotel ist der letzte Hinweis auf den alten Sumpf

Bergvolk mit Weitblick

Einen der schönsten Blicke auf die Innenstadt haben die Bewohner des Moritzbergs. Namensgeber war der Heilige Mauritius = Moritz. Im 11. Jahrhundert entstand hier die ihm geweihte Kirche – sie soll die einzige noch erhaltene Säulenbasilika Norddeutschlands sein. Ihr Kreuzgang ist ein Ort der Ruhe, Einkehr und Besinnung. Fachwerkhäuser, altes Pflaster und enge Gassen rund um die Kirche machen den Charme des ehemaligen Bergdorfs aus, das seit 1911 zu Hildesheim gehört. Pfingstmontag findet traditionell seit 1819 der Pflockflötchenmarkt rund um die Bergstraße statt. Aus Weiden- und Haselnussruten werden Flöten geschnitzt.

St. Mauritiuskirche
Stiftskirchenweg 4
31139 Hildesheim
05121 42699
www.mauritius-
michael.de

Besinnliche Ruhe ist im Kreuzgangbereich der St.-Mauritiuskirche

Bettina Reese studierte an der Freien Universität Berlin und arbeitete nach ihrem Volontariat elf Jahre lang als Redakteurin bei Tageszeitungen in Berlin. Als freie Journalistin lebt sie in Hildesheim. Ihr besonderes Interesse gilt der Stadtgeschichte.

Wolfgang Reese ist Fotografenmeister und lebt in Hildesheim.

Der Verlag und die Autorin freuen sich über Ihre Hinweise:
info@mitteldeutscherverlag.de

Haftungsausschluss
Die Angaben in diesem Reiseführer wurden gewissenhaft überprüft. Für die Aktualität, Korrektheit und Vollständigkeit übernimmt die Autorin keine Haftung. Die Autorin distanziert sich aus rechtlichen Gründen von allen Inhalten der aufgeführten Internetseiten. Auf aktuelle und zukünftige Gestaltung, die Inhalte oder Urheberschaft der angeführten Internetseiten hat die Autorin keinen Einfluss.

Fotografien
Wolfgang Reese, außer Stadtarchiv Hildesheim, Signatur WB 13803: S. 6, 42 oben; Hildesheimer Allgemeine Zeitung: S. 32; Klaus Thielemann: S. 66; Kulturring Hildesheim: S. 122; Hildesheimer Blindenmission (Repro: Wolfgang Reese): S. 6, 131; Zweckverband Abfallwirtschaft Hildesheim: S. 147

2. aktualisierte Auflage 2017
© mdv Mitteldeutscher Verlag GmbH, Halle (Saale)
www.mitteldeutscherverlag.de

Gesamtherstellung: Mitteldeutscher Verlag, Halle (Saale)

ISBN 978-3-95462-218-4

Printed in the EU